理论热点**面对面** 2025

创新实干促发展

★ 中共中央宣传部理论局

学习出版社

人民出版社

出 版 说 明

　　为深化习近平新时代中国特色社会主义思想学习宣传贯彻，帮助和引导干部群众全面辩证认识当前我国经济社会发展形势，更加自觉地把思想和行动统一到党中央重大判断和决策部署上来，进一步凝聚以中国式现代化全面推进强国建设、民族复兴伟业的强大信心和力量，我们在广泛调研的基础上，组织社科理论界专家学者编写了2025年通俗理论读物《创新实干促发展》。本书着眼国内外发展大势，立足新时代中国改革发展的生动实践，结合人们的思想实际和理论关切，深入回答了干部群众普遍关心的8个理论热点问题。本书坚持学理性和普及性相统一，注重从学术基础、实践导向、国际视野、历史维度等方面着力，力求说理透彻、文风鲜活，可作为干部群众、青年学生开展理论学习和思想政治教育的重要辅助读物。

中共中央宣传部理论局

2025 年 9 月

目　录

1 迈向更加美好的"数字未来"

——如何看待人工智能对经济社会带来的影响？

2025 年春节前后，DeepSeek 横空出世并迅速爆火，在全球人工智能领域掀起创新和应用热潮。从 ChatGPT 到 Sora，再到 DeepSeek，人工智能已悄然渗透进社会生产与生活的每个角落，激发了人们对未来的无限遐想和热切期待。与此同

时，人工智能的迅猛发展也带来了职业替代、信息安全、认知伦理等诸多令人忧虑的问题。那么，我们究竟该如何全面深入地认识人工智能的巨大潜力？又该如何以理性且客观的视角去审视它对人类社会产生的深远影响？它是否会如科幻电影中所描绘的那样在未来的某一天"取人类而代之"呢？这些既是关系人工智能健康发展的现实之问，也是关乎人类社会前进方向的文明之思。

◇ AI 浪潮澎湃而至

虽然人工智能近年来才受到人们的广泛关注，但人类很早以前就有了创造拟人器物的奇妙想象。我国先秦古籍《列子·汤问》中就曾记载这样一幕：周穆王西巡时，能工巧匠偃师带着一个用木料、皮革、胶漆和颜料精心制作的偶人前来献技。偶人栩栩如生，可以疾走，可以缓行，宛如真人。如此巧夺天工，堪比现代机器人。尽管"偃师献技"可能只是一个古代科幻故事，但在那个年代，中国古人就有这样超前的幻想，着实令人称奇和

偃师献技

感叹。如今，当我们回望这部典籍，将古代试图依靠机械结构模拟人类动作，与当下基于算力等让机器模拟人类智能的行为结合起来看，会对人工智能的概念、发展及其应用有更为深刻的认识。

简而言之，人工智能（Artificial Intelligence，简称 AI）是对人类智能的模拟、延伸和扩展，旨在通过算法和模型对大量数据进行学习、分析和训练，使机器能够像人类一样思考和解决问题。人工智能与传统计算机程序最大的区别在于：传统程序是"听命令"，只能严格执行人类预先编写好的规则；而现代人工智能则是"会学习"，通过分析海量的数据，能够自主归纳出规律和模式。比如，现在的翻译软件，已不再依赖于人工编写的庞大语法规则库，而是在学习了由人类翻译好的海量文本之后，能自主掌握两种语言在词汇、语法乃至语境上的对应规律，使得翻译结果日益精准、贴切和自然。正是这种从"被动执行"到"主动学习"的革命性飞跃，赋予了人工智能解决复杂问题的强大能力。

人工智能的发展，是一部充满理想主义、历经波折、最终在沉寂中迎来爆发的史诗。这部史诗起笔于 20 世纪中叶的一个哲学思考。1950 年，被称为"计算机科学之父"的艾伦·图灵以"机器能否思考"这一简单却深刻的问题，点燃了人类探索智能机器的火苗。随后，在 1956 年的达特茅斯会议上，"人工智能"被正式命名，一群天才科学家梦想用一个夏天，赋予机器像人一样思考的能力，敲开了人工智能的崛起之门。1966年，全球最早的聊天机器人 Eliza 在美国麻省理工学院诞生，实现了简单的人机对话。几年后，美国斯坦福国际研究所研发的首台 AI 移动机器人 Shakey 开始跌跌撞撞学走路。然而，受限于当时孱弱的数据、算力与算法理论，AI 的发展一度陷入停滞，经历了长达数十年的冬天。

但正如暗夜为黎明积蓄力量，这段时期的寂静坚守，为未来的惊雷奠定了基础。1997年，IBM 超级计算机"深蓝"战胜国际象棋世界冠军，宣告机器的逻辑计算力首次超越人类，让人们重新燃起对 AI 的敬畏与期待。2006年，加拿大多伦多大学教授杰弗里·辛顿及其团队正式提出"深度学习"的概念，开启了人工智能发展的新纪元。而真正的革命发生在2012年，这主要得益于海量标注数据集的出现，以及图形处理器（GPU）带来的强大并行计算能力的支撑，以 AlexNet 为代表的深度学习技术横空出世，让 AI 真正"学会了学习"，能够自主从海量数据中总结规律，而不再仅仅依赖人工规则。这一从"计算"到"学习"的质变，是 AI 走出实验室、迈向现实世界的关键一步。2016年，谷歌 DeepMind 团队开发的阿尔法狗（AlphaGo）在围棋比赛中战胜世界冠军李世石，展露超越人类定式的"神之一手"。这一事件如同一场震撼全球的风暴，向人类展现了 AI 惊人的"创造力"。

2022年以来，预训练大模型技术将 AI 推向了前所未有的

人工智能跌宕起伏的发展历程

时间轴上的事件：

1956 年 达特茅斯会议提出"人工智能"

1957 年 弗兰克·罗森布拉特发明感知机模型

1959 年 王浩用计算机完成《数学原理》所有定理证明

1966 年 约瑟夫·维森鲍姆开发 Eliza 系统

1969 年 马文·明斯基等出版《感知器》

1972 年 理查德·卡普发表程序复杂性理论

1986 年 杰弗里·辛顿等提出反向传播算法

2006 年 杰弗里·辛顿等提出深度学习算法

2012 年 深度学习算法在图像识别上取得重大突破

2016 年 阿尔法狗战胜人类围棋世界冠军李世石

2017 年 谷歌团队提出 Transformer 架构

2018 年 Open AI 发布 GPT-1

2020 年 Open AI 推出 GPT-3，引发业界关注

2023 年 大模型业态持续繁荣，行业开启百模大战

2025 年 DeepSeek 爆火"出圈"，掀起人工智能行业应用热潮

符号与规则演算　专家系统与知识工程　机器学习与神经网络

第一次浪潮　第二次浪潮　第三次浪潮

1956 年　1980 年　1993 年　未来

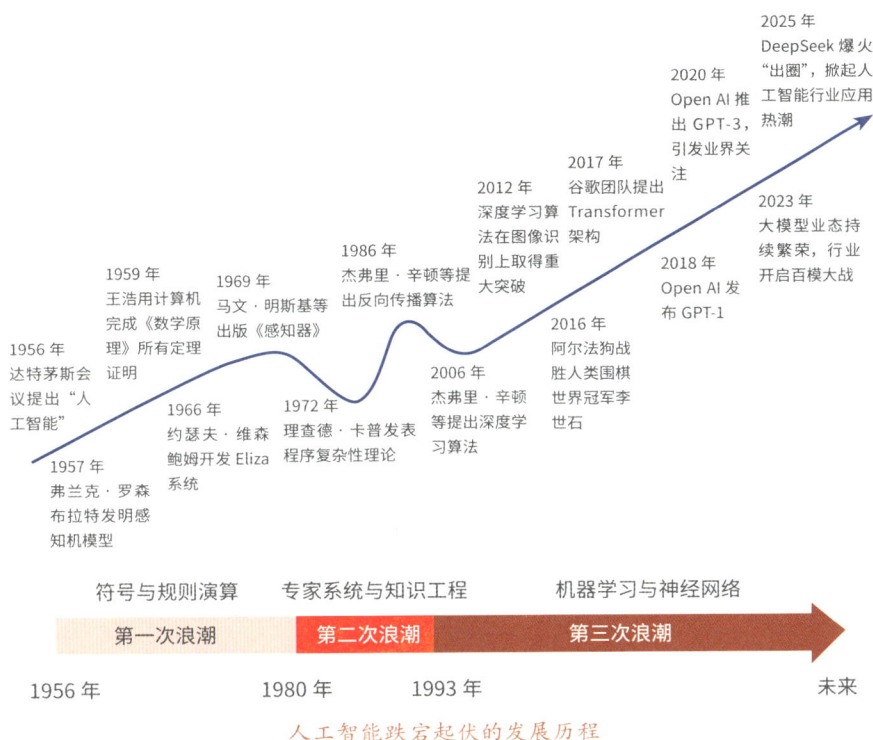

高峰，ChatGPT、Sora、DeepSeek 等应用开发全方位展示了多种技术可能。这些强大的模型，不仅能理解语言、生成内容，还能进行复杂的逻辑推理。如今，当我们谈论 AI 时，不仅仅是在讨论一项技术革新，更是在探讨一个全新时代——AI 时代的到来。作为革命性通用技术，人工智能影响的广度与深度正以前所未有的态势展开，深刻重塑着社会生产、生活与治理的各个方面。

产业发展领域，AI 是驱动经济转型的"新型动力"。农业生产中，无人机高效开展大面积喷洒作业，AI 巡检机器狗能

黑灯工厂

"黑灯工厂"是"Dark Factory"的直译，指的是车间内的机器可以智能化自动运作的工厂，其即使在无人的"黑灯"环境下也可正常运行。据统计，截至 2024 年 11 月，全国已建成近万家数字化工厂（车间）和智能工厂，培育 400 多家国家级智能制造示范工厂，人工智能、数字孪生等技术在 90% 以上的示范工厂得到应用。图为天津一家零碳智造工厂笔记本电脑生产线。

精准识别植株生长情况和病虫害情况；矿产开发中，AI 可以精准分析预测井下煤层分布，优化开采方案；"黑灯工厂"里，智能机器人实现了全天候精准作业；新药研发中，AI 可将候选药物的筛选时间从数年缩至数月；金融领域内，智能风控系统在毫秒间识别欺诈交易……AI 不仅焕发了传统产业的新生机，而且正以指数级增长速度开拓着新兴产业和未来产业的新蓝海。

社会治理领域，AI 是提升公共服务效能的"智慧大脑"。以"城市大脑"为代表的治理系统，可以智能化调控交通信号，有效缓解拥堵，极大提升出行效率；借助 AI 大模型，预测一轮台风未来 10 天的路径，能从原来需要耗费 5 小时缩短至 10 秒内，为防灾减灾抢出黄金时间；通过 AI 识别等技术，能提前预测水质变化趋势，助力水生态环境问题研判……AI正推动社会治理从"经验判断"迈向"数据决策"，显著提升社会的安全与韧性。

民生服务领域，AI是满足人民美好生活需要的"贴心助手"。在医疗健康领域，AI辅助医生精准诊断，并为个人提供定制化健康管理方案。在教育领域，自适应学习平台为每个孩子精准"画像"，推送定制化学习路径，真正实现"因材施教"。在养老领域，护理机器人、喂食机器人等智能设备，能使老年人获得更多暖心、安心服务。人工智能的广泛应用，将不断提升人民群众的生活品质。

学术科研领域，AI是驱动科学发现的"前沿工具"。传统科学研究主要依托理论推导和实验验证，而人工智能擅长同时处理文本、图像、代码等异质信息，并在海量数据中捕捉隐性规律，形成超越人类直觉的创造力。比如，全球科学家在数十年间通过传统方法仅解析了20万个蛋白质结构，而借助AI技术，几个月时间就可以解析超过2亿个蛋白质结构，基本解决了蛋白质结构预测这一世界性难题。同时，人工智能技术能够打破学科壁垒，拓展科研边界，催生交叉学科研究，不仅提高了科研效率，更能够激发出新发现新知识。AI在处理海量数据、发现未知规律方面的特殊能力，大大加速了人类知识疆域的拓展。

不仅如此，AI正逐步走进人们的精神生活和情感世界。

人形机器人参加半程马拉松比赛

小朋友与智能机器狗互动

智能素描设备正在绘图

当下，不少年轻人正把AI聊天机器人当作新型"情绪搭子"，甚至让它们承担朋友、家人、心理咨询师等角色，从而获得情绪价值和心理抚慰。AI大模型多数时候能够根据用户输入的语句来捕捉其中的情绪，并作出相应的回应。许多出自AI之口的"疗愈式"话语，不失温情和温度，也着实温暖了许多处于困顿和迷茫中的人。在快节奏生活的当下，这种实时待命、即时响应的虚拟交流对象，提供了某种程度上的安慰与陪伴。

如同蒸汽时代的蒸汽机、电气时代的发电机、信息时代的计算机和互联网，人工智能的浪潮正在以排山倒海之势澎湃而至，成为推动人类进入数智时代的决定性力量。如果说过去的机器是"双手的延伸",将人类从繁重的体力劳动中解放出来,那么人工智能则是"大脑的延伸",能极大地拓展人类的脑力劳动,深刻改变我们认知与创造世界的方式。但科技发展史也提醒我们,人工智能好似一把锋利的"双刃剑",既能极大推动社会生产力的提升和文明形态的演进,也会带来诸多新的社会风险与治理挑战。因此,我们既不能盲目乐观、忽视其潜在风险,亦不应因噎废食、否认其推动社会进步的巨大潜能,而是应以积极理性的态度对待人工智能的发展,做到兴利除弊、扬长避短,使人工智能最大程度造福人类社会。

◇ 人工智能如何赋"能"

面对人工智能对人们生产生活产生的深刻影响,我们不禁要问:这颠覆性的"魔力"源自何处?又如何转化为驱动高质量发展的澎湃动能?要揭开人工智能赋能的神秘面纱,就要从其内在机理——数据、算法、算力"三驾马车"共同驱动入手,深刻揭示这场智能变革的运行密码。

——海量的数据,这是人工智能的"燃料"与"食粮"。无论是图像识别、语音交互,还是预测分析、决策优化,AI系统都需要通过"喂食"海量、高质量的数据进行训练,从中吸取经验、总结规律。数据越丰富、越准确、越具代表性,AI

模型的表现就越"聪明"、越可靠。人工智能对数据的需求规模远超人类的想象。例如，GPT-3大模型的训练数据就包含了数百万本电子书籍和从互联网获取的海量网络文本数据集，原始数据量高达45TB，包含近万亿个单词。如果一个人每天阅读8小时，每分钟读300个单词，则需要不间断地阅读超过一万年才能读完。正因投喂了如此巨量的人类知识，人工智能才能从中学习到复杂的语言规律与社会常识。

——精妙的算法，这是驱动智能的"引擎"与"大脑"。如果数据是"燃料"，算法就是精妙的"引擎"设计图。当前，以深度学习神经网络为核心的算法是主流。人工智能的学习过程，好比孩子攻克解题难关。面对海量习题，他不断尝试解答，并与预设答案进行对照，一旦出错，便通过"反向传播"机制来修正思路。历经亿万次练习，他便能掌握高超的解题技能。而近年来备受瞩目的大模型，则可视为这些孩子中的"超级学霸"，通过学习互联网中的海量知识，表现出惊人的通用性与创造力。通过无数次的算法训练，数据被深度提炼与关联分析，逐步构建起对复杂世界的抽象理解，形成蕴含广泛知识的大模型，这相当于人类通过学习形成的概念体系与认知框架。

——强大的算力，这是支撑运行的"基石"与"动力"。每一次学习、每一次推理、每一次决策，背后都是海量数据与强大算法的结合，是天文数字级的计算在支撑。同样以

"本源悟空"完成十亿参数级 AI 大模型微调任务

2025 年 4 月，本源量子计算科技（合肥）股份有限公司、合肥综合性国家科学中心人工智能研究院等机构联合攻关，在我国超导量子计算机"本源悟空"真机上，实现十亿参数级 AI 大模型微调任务的全球首次运行。实验结果不仅验证了量子计算助力实现大模型轻量化的可行性，更为破解大模型"算力焦虑"开辟了新路径。图为科研人员在调试安装国产自主超导量子计算机。

GPT-3 为例：训练一次 GPT-3 大模型，所需要的计算量约为 3640 PetaFLOPs-days。"PetaFLOPs"意为"每秒一千万亿次浮点运算"，大概是一部高性能手机算力的数千倍。如果用一部手机来完成同等训练，推算下来需要持续运行近 500 年。即便使用当前最先进的、由上万颗 GPU 组成的超级计算机集群，也需要连续运行数月之久。可以说，每一次 AI 模型的重大突破，背后都是一次对算力极限的冲击。强大的算力，是确保人工智能能够高效运转的基础。

正是"数据、算法、算力"的协同作用构成了人工智能赋"能"的底层逻辑，使人工智能呈现深度学习、跨界融合、人机协同、群智开放、自主操控等新特征，为经济社会发展注入强大动能。比如，人工智能有力提升生产效率，不仅能控制机械臂进行 7×24 小时的精准作业，更能通过视觉系统进行动态的质量检测与流程调整，预测故障并提前进行维护，从而减少停机时间。再比如，人工智能极大优化资源配置，过去依赖于人类经验的传统模式，往往存在大量资源错配和效率损耗，而人工智能通过分析海量的实时与历史数据，打破了"数据孤岛"，实现生产要素动态匹配，让人力、物力、信息等资源进行过去无法想象的精细化运营。还比如，人工智能化身为各行业的"超级顾问"和"智慧外脑"，处理和分析人类无法企及的数据，从中发现隐藏的规律，为科学决策提供有力支撑，帮助决策者"预见未来"。

习近平总书记指出："世界百年未有之大变局加速演进，科技革命与大国博弈相互交织，高技术领域成为国际竞争最前沿和主战场，深刻重塑全球秩序和发展格局。"人工智能作为新一轮科技革命和产业变革的重要驱动力量，已经成为大国竞争的战略制高点。谁能在人工智能领域抢占先机、赢得主动，谁就能在国际舞台上掌握更多话语权。面对这场重塑全球格局的智能革命，各国无不厉兵秣马、竞相部署，纷纷出台支持政策，加大资金投入，争夺人才和技术资源，努力抢占领先地位。欧盟委员会发布《人工智能大陆行动计划》，致力于成为全球 AI 领导者；美国白宫发布《赢得竞争：美国人工智能行动计划》，力图在全球 AI 竞赛中赢得技术和经济竞争主动权；英国政府发布《国家人工智能战略》，确立了将英国打造为全

我国成功开展首例侵入式脑机接口临床试验

2025 年上半年，中国科学院脑科学与智能技术卓越创新中心联合复旦大学附属华山医院等，成功开展了我国首例侵入式脑机接口临床试验。受试者植入脑机接口设备后，经过训练即可用"意念"控制鼠标，让鼠标按照自己的"想法"移动，这标志着我国成为全球第二个在侵入式脑机接口技术上进入临床试验阶段的国家。图为我国第一例侵入式脑机接口临床试验受试者通过脑机接口玩赛车游戏。

球人工智能"超级大国"战略目标；加拿大《泛加拿大人工智能战略》第二阶段投放 4.43 亿加元资金用以最大化发挥人工智能知识和创新潜力；等等。

对我国来说，大力发展人工智能是实现高水平科技自立自强、建设科技强国的重要举措，是提升国家核心竞争力、在全球科技竞争中脱颖而出的战略抉择。我国数据资源丰富，产业体系完备，应用场景广阔，市场空间巨大，在人工智能的浪潮中展现出独特优势。从《新一代人工智能发展规划》《关于深入实施"人工智能+"行动的意见》等擘画国家战略蓝图，到北京建设"人工智能原生城市"、上海推动"模塑申城"、杭州建设"人工智能创新高地"等地方实践，从 DeepSeek 等大模

"北脑一号"让脑机接口从科幻走向现实

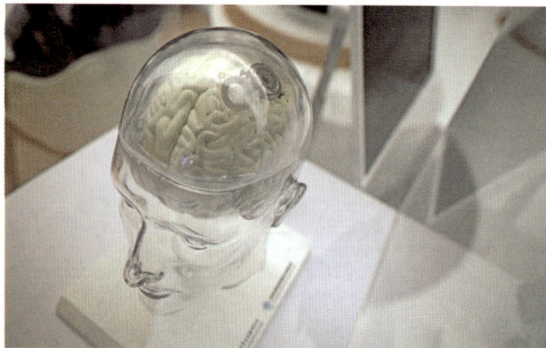

"北脑一号"高性能侵入式智能脑机系统，集成自主研发的柔性高密度脑皮层电极，采用卷积神经网络与Transformer架构相结合的神经编解码技术，具备高效的语言信号处理能力，填补了国内高性能植入式脑机接口技术的空白。临床实践数据显示，其单字解码时延小于100毫秒，为当前国际最高水平。作为"北脑一号"的升级版，"北脑二号"能够做到3D空间、立体多维的精细化神经控制，已在全球首次实现猕猴通过"意念"控制对二维运动目标的脑控拦截，并有望于2026年进入临床验证阶段。图为"北脑一号"智能脑机系统模型。

型在各领域广泛应用，到宇树科技等行业翘楚跻身世界前列，我国在人工智能的研发、应用与产业化方面亮点频出，正实现从"跟跑者"向"并跑者"乃至部分领域"领跑者"的华丽转身。

尽管成绩斐然，但也要看到我国在基础理论、关键核心技术等方面还存在短板弱项。在算力层面，高端AI芯片等核心环节面临"卡脖子"风险；在大模型领域，原创基础理论突破、高端人才储备与国际顶尖水平尚有差距；在应用层面，伦理规范、安全治理体系也需伴随技术的发展而加速完善。得时无怠，只争朝夕。面对新一代人工智能技术快速演进的新形势，只有抢抓历史性机遇，坚持自立自强，突出应用导向，持续推动我国人工智能朝着有益、安全、公平方向健康有序发展，才能确保人工智能这一引领未来的战略性技术，为驱动高质量发展、推进中国式现代化注入源源不断的强大科技创新动力。

◇ 人工智能会取代人类工作吗

"上帝能不能创造出一块他自己都搬不动的石头"，这个中世纪曾引发无数神学家激烈辩论的诘问，在 21 世纪机器开始模仿人类思维时，仿佛带着历史的回响叩问着今天的人们。事实上，人类对机器的焦虑由来已久，自蒸汽机的轰鸣揭开工业革命的序幕，职业替代问题便引发了人机关系的紧张与对立。

人工智能的诞生，更是成倍放大了这种焦虑感。智能机械臂和自动化生产线已取代 90% 以上的装配工作；无人驾驶技术在多城的试点，影响着出租车与网约车司机的发展空间；AI 语音助手可处理 80% 的标准化咨询，将服务响应时长压缩至秒级……毋庸置疑，传统制造业、服务业、物流业中那些高度重复、机械化的岗位，正被 AI 悄然"替代"。越来越多的人开始担忧和疑惑：未来人工智能会不会大量抢走人们的"饭碗"，进而引发大规模的失业？

　　其实，"人工智能会取代人类工作吗"这一疑问蕴含的复杂意义远非表面所见的"职业替代"所能涵盖。我们不能简单停留在个人职业层面以"会"或"不会"来下定论，而应从哲学层面将目光投向更深层次的人与机器的界限问题。毕竟，人工智能与人类的关系，不仅关乎职业的存续与变革，更触及人类存在的本质、价值的判定以及人类未来的走向等重大哲学命题。

　　一方面，我们必须承认人工智能在特定领域展现出强大的替代潜力，但这种替代并非全面替代，而是劳动力结构的调整和优化。技术变革从来不是简单地消灭旧职业，同时也孕育着新职业，推动产业结构往更高层次、更具创新性的方向发展。纵观职业发展史，凡是技术大进步、大变革的时代，往往也是职业形态推陈出新、百花齐放的时代。印刷术兴起，使得抄写员这一职业群体人数锐减，但随之催生了制版师、印刷工等新兴职业；汽车取代马车，让马车夫逐渐淡出历史舞台，却带动了汽车制造、销售、维修等庞大产业的崛起；智能手机的问世，使得功能机逐渐被市场淘汰；与此同时，移动互联网产业蓬勃发展，孕育出亿万个新型就业机会。进入智能时代，人工智能训练师、生成式人工智能系统应用员、智能网联汽车测试员等新兴职业的涌现，同样表明人工智能的运用不是简单地替代了重复性的职业劳动，而是也在倒逼劳动力市场向高技能、高素质与创意领域倾斜。目前，我国已形成完整的人工智能产业体系，芯片、算法、数据、平台、应用——产业链每个环节都是创新创业的赛道。从人类整体发展来看，机器取代人类的部分职业和工作，本质上都是将人类从繁重的重复性劳动中解放出来，更好地集中精力去提升自己的创造力和开拓力。

2019—2025 年人力资源和社会保障部等发布的新增职业名称

批次	新增数量	部分新增职业名称
第一批	13 个	人工智能工程技术人员、物联网工程技术人员、大数据工程技术人员、云计算工程技术人员、数字化管理师、无人机驾驶员、工业机器人系统操作员、工业机器人系统运维员
第二批	16 个	智能制造工程技术人员、工业互联网工程技术人员、虚拟现实工程技术人员、供应链管理师、人工智能训练师、无人机装调检修工
第三批	9 个	区块链工程技术人员、互联网营销师、信息安全测试员、区块链应用操作员、在线学习服务师
第四批	18 个	集成电路工程技术人员、服务机器人应用技术员、电子数据取证分析师、智能硬件装调员、工业视觉系统运维员
第五批	18 个	机器人工程技术人员、数据安全工程技术人员、数字化解决方案设计师、数据库运行管理员、信息系统适配验证师、数字孪生应用技术员
第六批	19 个	网络安全等级保护测评师、云网智能运维员、生成式人工智能系统应用员、工业互联网运维员、智能网联汽车测试员、智能制造系统运维员、智能网联汽车装调运维员
第七批	17 个	无人机群飞行规划员、电子电路设计师、电力可靠性管理员、电力聚合运营员

① 无人机装调检修人员对无人机进行执飞前检查

② 智能网联汽车测试员在一辆智能网联汽车内做测试

③ 机器人研发工程师与同事讨论智能焊接机器人平台焊接方案

④ 数字孪生应用技术员在动作捕捉棚内查看电脑生成的虚拟角色动作

另一方面，尽管人工智能在技术和智能方面模拟甚至接近人类思维方式，但人类与机器之间还是横亘着一条难以跨越的"天堑"，即人工智能系统并不具备人类的意识、情感和道德判断等能力。从生物结构看，人脑与机脑在物质、结构、形态上存在根本差异，人脑极强的可塑性、自适应性、灵活性和创造性是机脑不断模仿却始终难以企及的。人工智能虽然在数据分析、图像识别、自然语言处理等任务中展现出卓越的能力，但它依然无法触及人类智慧的深度与广度，既无法具备"无中生有"的创造力思维，也无法形成人类特有的情感、价值理念等非理性意识，更难以在伦理难题中作出真正意义上的价值判断和抉择。拿 AI 创作诗歌来说，它并非源自内心的情感涌动，而是基于数据的统计建模，通过对海量诗词文本的学习，按照既定规则排列组合字词，生成看似优美的诗句。这一过程好比"石磨碾谷"，作品质量很大程度上依赖输入数据的优劣。再如，AI 虽然能通过在线课程和个性化学习计划帮助学生提升成绩，但它无法完全取代教师作为学生心理健康的守护者、成长路上的引路人角色。可以说，AI 本质上是一种"智能"机器、一种工具、一种"物"，并不具有人格化的特征，与具备自主意识的生命体依然存在本质的差别。

进一步而言，"人工智能会取代人类工作吗"这一问题，引发了更为深沉的哲学思考：当人工智能在思维方式上日益逼近人类，人与机器的本质区别何在？人类的独特价值究竟是什么？人工智能是否会取代人类本身，甚至对人类的生存构成威胁？其背后，实则交织着人与机器、效率与公平、科技与人文等多维度、深层次的复杂考量。如何找到应有的平衡点，既充分发挥人工智能的赋能优势，又坚守住人类的主体性与尊严，成为不容回避的重大课题，这需要我们以理性和智慧去解答。

比如，如何看待人与机器的关系？马克思认为，任何机器都"是人的手创造出来的人脑的器官；是对象化的知识力量"。

从现有技术水平来看，人工智能尚未脱离这一本质，依然是人类本质力量的外化和确证，目前并不完全具备人类在浩瀚历史长河与丰富社会实践中淬炼而生的主体性，其"思考"与"行动"始终囿于概率计算的框架。尽管人工智能技术的演进会动态模糊某些人与机器的边界，但一个基本事实是：无论如何精进，人工智能都难以完全复制人类所特有的"灵魂"和"温度"，因为人是生活、思考、创造意义的主体，是生命的存在、精神的存在。其实，面对人工智能迅猛发展的时代潮流，我们更应该思考的是人类如何与人工智能共存。事实上，机器的发展离不开人的创造和引导，人的发展也需要机器的支持和帮助。因此，既不能过分夸大机器的作用，忽视人的主体地位；也不能排斥机器，拒绝科技进步。只有在和谐共存的追求中，才能实现人与机器的共同发展。人工智能正如历史上的内燃

山东青岛运用人工智能技术传递城市温度

近年来，山东省青岛市大力推进数智平台建设，以 AI 之力推动流动人口享受就业、医疗等均等化的公共服务，实现人工智能技术融入居住证线上办理与电子证照跨场景应用，让"来了就是青岛人"的包容理念融入城市治理实践。图为警用机器人与群众互动。

机、电力，是人类能力延展的"器物"与手段，已成为我们生活工作的一部分。这意味着我们早已身处"人机共生"的现实之中，未来更将如此。

再如，如何看待效率与公平的关系？技术发展以提升效率为核心驱动力，但评判人工智能的价值，不能只讲经济效率而不讲社会公平。公平是人类的基本价值和永恒追求，也是整个社会得以持续运行的必要前提和现实基础。如果只以提高生产效率作为单一价值尺度，可能会导致社会资源分配不均，加剧社会分化的矛盾和风险。假使人工智能大规模替代某些职业，而又没有为受影响的劳动者提供足够的再培训和转型机会，就会造成大量人员失业，影响社会稳定。因此，发展人工智能技术必须兼顾效率与公平，要避免凭借算法、算力等技术优势出现"赢者通吃"的局面，确保各类群体都能在人工智能发展中共享机遇、共筑未来。

又如，如何看待科技与人文的关系？前一段时间，伴随着人工智能议题的火爆，"文科无用论"等相关话题频繁引发社会关注与讨论。这需要我们警惕一种认知偏差，即把科技与人文非此即彼地对立起来，简单地选择其一而舍弃另一。实际上，人文学科蕴含的人文精神与人工智能的技术演进，从来都不是相互排斥、此消彼长的零和博弈。恰恰相反，二者相辅相成、互为支撑，共同推动着人类社会不断迈向充满希望与光明的未来。技术发展的起点是满足人类需要，技术的不可知性需要人文精神的驾驭与关怀。只有在人文精神的观照下，科技才能沿着正确的方向发展、闪耀人性的光辉，才能真正造福人类、避免走向歧途。倘若缺乏伦理层面的约束，人工智能极有可能成为侵犯人类隐私、加剧社会不平等甚至危害人类的工具。正如有的学者所言，"没有解读文明的眼睛，代码永远只是冰冷的符号"。在推动科技发展的同时，我们必须重视人文精神的引领作用，确保技术发展符合人类的价值观和利益。

人工智能所扮演的角色是人类的"协作者"，绝非"取代者"。毕竟，哲学思辨、感知直觉、情感温度，这些都是数据和算法无法捕捉的灵魂共鸣。智能时代已来，与其焦虑、恐惧、排斥，不如去思考未来如何与机器共处。唯有坚守人之为人的本质，方能在技术狂潮中锚定文明的方向。未来的挑战，不在于防备"机器反叛"，而在于引导"科技向善"，实现技术进步与社会公平的共赢，最终实现人类福祉的全面提升。

◇ 让人工智能"向善生长"

当下，伴随人工智能的深度应用，一系列涉及安全、隐私、公平、责任的伦理难题浮出水面。从 Character.AI 诱导用户自杀等危险倾向的道德风险、微软开源数据引发的隐私泄露，到深度伪造、大数据"杀熟"、算法偏见与歧视，都表明"超级智能"也会给我们的生活带来不同程度的隐忧。技术发展史一再向人们证明，工具一旦缺乏道德伦理的约束，其强大的力量可能危及人类自身。如何防范和应对人工智能发展带来的安全风险，引导人工智能健康发展，让人工智能"向善生长"，已成为人类社会面临的共同挑战。

面对人工智能给人类社会带来的深刻影响，中国提出了"以人为本、智能向善"的理念。这一理念源于中华优秀传统文化"仁者爱人"等伦理思想，体现着中国共产党执政为民的使命情怀，也呼应了全球对科技伦理的普遍关切。关于人工智能"向善生长"还是"野蛮生长"的路径选择，暗藏着"以人为本"与"资本为王"两种技术发展价值理念的较量。在"资本为王"理念驱动下，技术发展往往更关注经济利益和商业价值，在追求利润的过程中忽视伦理道德和社会责任。相较之下，"以人为本"理念则强调技术应服务于人类的整体利益，在应用中尊重人的尊严、保障人的自主权利、维护社会公平正

《人工智能全球治理行动计划》发布

2025 年 7 月，在 2025 世界人工智能大会暨人工智能全球治理高级别会议上，《人工智能全球治理行动计划》正式发布，提出共同把握人工智能机遇、促进人工智能创新发展、推动人工智能赋能千行百业、加快数字基础设施建设、营造多元开放创新生态等 13 个方面的内容。图为大会开幕式。

义。这既是对技术工具主义的批判性超越，也是对数字文明新形态的主动塑造。因此，人需要为机器"立心"，让人工智能真正实现"向善生长"。

首先，坚持以人为本，确保技术发展增进人类福祉。人工智能的发展必须服务于人的全面发展，增进人民的获得感、幸福感、安全感。必须超越单纯追求效率和资本扩张的"技术工具主义"或"资本为王"逻辑，确保技术红利惠及全体人民，技术演进方向符合人类文明进步的要求。坚决防范技术滥用给社会带来的危害，警惕算法偏见导致的社会歧视和不公风险，并关注技术变革可能引发的就业结构变化等社会问题，加强职业培训和教育，提升劳动者的技能水平，培养适应智能时代的新型人才。国家新一代人工智能治理专业委员会发布的《新一代人工智能伦理规范》，就明确提出了增进人类福祉、促进公平公正、保护隐私安全、确保可控可信、强化责任担当、提升伦理素养等6项基本伦理要求，旨在将伦理道德融入人工智能全生命周期，为从事人工智能相关活动的自然人、法人和其他相关机构等提供伦理指引。

其次，加强监管治理，构建安全可控的制度保障体系。应对人工智能伴生的隐私泄露、算法黑箱、技术滥用等多重风险，必须将治理置于重要地位，建立科学、动态、有效的监管框架。我国在这方面走在世界前列，把制定人工智能专门法律纳入立法计划，发布生成式人工智能服务管理暂行办法、人工

"清朗·整治 AI 技术滥用" 专项行动

2025 年 4 月，中央网信办印发通知，在全国范围内部署开展为期 3 个月的 "清朗·整治 AI 技术滥用" 专项行动。本次专项行动分两个阶段开展：第一阶段强化 AI 技术源头治理，清理整治违规 AI 应用程序，加强 AI 生成合成技术和内容标识管理，推动网站平台提升检测鉴伪能力；第二阶段聚焦利用 AI 技术制作发布谣言、不实信息、色情低俗内容，假冒他人，从事网络水军活动等突出问题，集中清理相关违法不良信息，处置处罚违规账号、MCN 机构和网站平台。

智能安全治理框架、人工智能生成合成内容标识办法等，推动我国人工智能安全治理制度体系日益完善。面向未来，要进一步完善法律法规，加快人工智能专门立法进程，为人工智能研发、部署、应用各环节提供清晰的法律边界和责任界定。要实施 "敏捷治理" "模块化治理" "参与式治理"，强化技术赋能监管，发展 "以技术监管技术" 的能力，研发适配治理框架的智慧化监管工具。

再次，注重研发创新，驱动技术向善与伦理内嵌。确保人工智能 "向善生长"，技术本身的设计与演进十分关键。要坚持伦理先行，将公平、透明、可控、尊重隐私等伦理要求贯穿人工智能设计、训练、部署、应用的全生命周期，推动隐私保护计算、公平算法等"向善技术"的研发与应用。同时，要建立和完善伦理内嵌机制，探索在人工智能系统中构建自我修正、偏见检测、伦理审查等机制，使人工智能"具备"初步的道德推理和符合伦理规范的行为能力。

最后，致力造福人类，推动构建开放合作、共治共享的全球治理格局。人工智能治理关乎人类共同命运，是世界各国共同面临的重大课题。近年来，中国积极践行《全球人工智能治

国际社会关注人工智能治理

◀ 2023 年首届人工智能安全峰会发布《布莱奇利宣言》

▲ 2024 年联合国教科文组织总干事奥德蕾·阿祖莱在第二届全球人工智能伦理论坛上发表演讲

◀ 2025 年第 20 届联合国互联网治理论坛聚焦"共建数字治理"

理倡议》，推动中美、中法等双边对话及多边合作，致力于构建共商共建共享的全球人工智能治理框架。面对共同挑战，各国应加强人工智能战略对接、政策交流、风险防范、标准制定等方面的深度协作，避免其沦为失控的 "双刃剑" 或 "潘多拉的盒子"。

微澜已成巨浪，未来已经到来。面向未来，人工智能必然会给人类社会带来前所未有的便利和红利，也可能会不断挑战人类的认知和伦理边界。人类社会发展的历史一再启示我们，这是新的技术、新的生产力发展的必然过程，也是新的时代、新的社会到来的鲜明特征。对此，我们应该抱有乐观的态度，相信人类的智慧能够趋利避害，使人工智能这一人类的创造物更好造福人类。

2 大显身手正当其时

——如何促进我国民营经济发展壮大？

改革开放 40 多年来，我国民营企业蓬勃发展，民营经济从小到大、由弱变强，在稳定增长、促进创新、增加就业、改善民生等方面发挥了重要作用，成为推动经济社会发展的重要力量。党的十八大以来，习近平总书记两次出席民营企业座谈会，《中华人民共和国民营经济促进法》颁布实施，一系列支

持民营经济发展的政策举措相继出台，极大提振了广大民营企业家的信心，有力推动了民营经济健康发展。同时也要看到，社会上一些质疑甚至否定民营经济的言论不时出现，一定程度上影响了民营经济的发展。造成这些问题的一个重要原因，就是一些人对民营经济还存在模糊认识。如何认识民营经济的地位和作用、看待民营经济发展面临的机遇和挑战、营造关心支持民营经济高质量发展的良好舆论环境，理论上的正本清源十分必要、非常重要。

◇ 发展民营经济绝非权宜之计

观察当下中国经济版图，毫无疑问，民营经济的地位举足轻重，早已全方位融入人们的日常生活。这些年，支持民营经济发展的政策暖风频吹，优化营商环境的举措持续发力，为民营企业发展壮大注入了强劲动力。即便如此，一些人心里仍不托底，或认为当前支持民营企业是经济承压下的"一时之举"，或认为发展民营经济是过渡性的，担心政策可能转向。

民营经济组织

按照《中华人民共和国民营经济促进法》，民营经济组织是指在中华人民共和国境内依法设立的由中国公民控股或者实际控制的营利法人、非法人组织和个体工商户，以及前述组织控股或者实际控制的营利法人、非法人组织。

这些问题从根本上讲，是没有搞清楚中国特色社会主义与民营经济的关系，对我国民营经济的地位和功能缺乏深刻认识。事实上，无论是回望历史还是立足当下，无论是理论上还是实践中，中国发展壮大民营经济绝非权宜之计，而是坚持和发展中国特色社会主义的长久之策、固本之策。

——历史地看，发展民营经济是我们党基于长期理论探索和实践总结作出的战略抉择。党的十一届三中全会以后，我们党深刻总结新中国成立以来经济建设正反两方面经验，借鉴世界社会主义发展经验教训，破除所有制问题上的传统观念束缚，开始逐步恢复发展个体私营经济。1980 年 12 月，温州颁发了中国第一张个体工商业营业执照，民营经济"破冰"。1984 年 10 月，我们党作出关于经济体制改革的决定，为个体经济在更多领域、更大范围发展提供了政策依据，推动民营经济以更快的速度发展起来。全国个体工商户从 1978 年的 14 万户增至 1985 年的 1171 万户，一大批"万元户"如雨后春笋般涌现。随着改革开放向纵深推进，社会上关于个体私营经济姓"资"还是姓"社"的争论日趋激烈。1992 年年初，邓小平同志在南方谈话中提出"三个有利于"

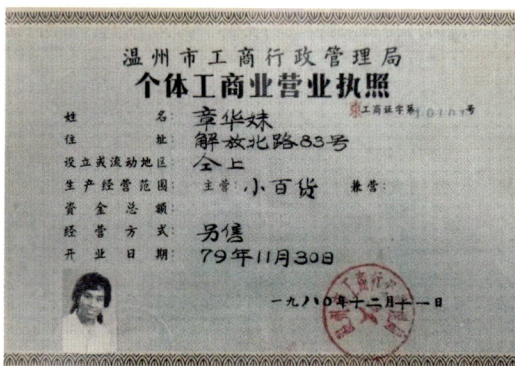

中国第一张个体工商业营业执照

标准，打破姓"资"还是姓"社"争论，指出"计划和市场都是经济手段"，为民营经济发展扫除了思想障碍、开辟了更广阔的空间，社会上兴起了新一轮创业兴业、发展民营经济的热潮，很多知名大型民营企业都是这个时期起步的。此后，我

曾被誉为"中国第一商贩"的"傻子瓜子"创始人年广久在售卖瓜子

们党将"公有制为主体、多种所有制经济共同发展"确立为社会主义基本经济制度的重要内容，提出"两个毫不动摇"的原则，将鼓励、支持、引导非公有制经济发展写入党章、宪法，出台"非公经济36条"等政策，民营经济发展的体制和环境更趋完善。

党的十八大以来，以习近平同志为核心的党中央高度重视民营经济发展，把"两个毫不动摇"写入新时代坚持和发展中国特色社会主义的基本方略，提出"三个没有变"的重要论断和促进"两个健康"的任务要求，反复强调民营经济的重要作用和地位，推动出台民营经济促进法等法律法规，在国家发

党的二十届三中全会提出制定民营经济促进法

党的十九大把"两个毫不动摇"写入新时代坚持和发展中国特色社会主义的基本方略

党的二十大重申坚持基本经济制度，坚持"两个毫不动摇"

党的十八届三中全会在"两个毫不动摇"的基础上提出"两个都是"

党的十七大提出"两个平等"

党的十六大首次明确"两个毫不动摇"的原则

党的十五大首次提出非公有制经济是我国社会主义市场经济的重要组成部分

党的十四大提出坚持以公有制经济为主体、多种经济成分长期共同发展

党的十三大提出私营经济是公有制经济必要的和有益的补充

党的十一届三中全会提出社员自留地、家庭副业和集市贸易是社会主义经济的必要补充部分

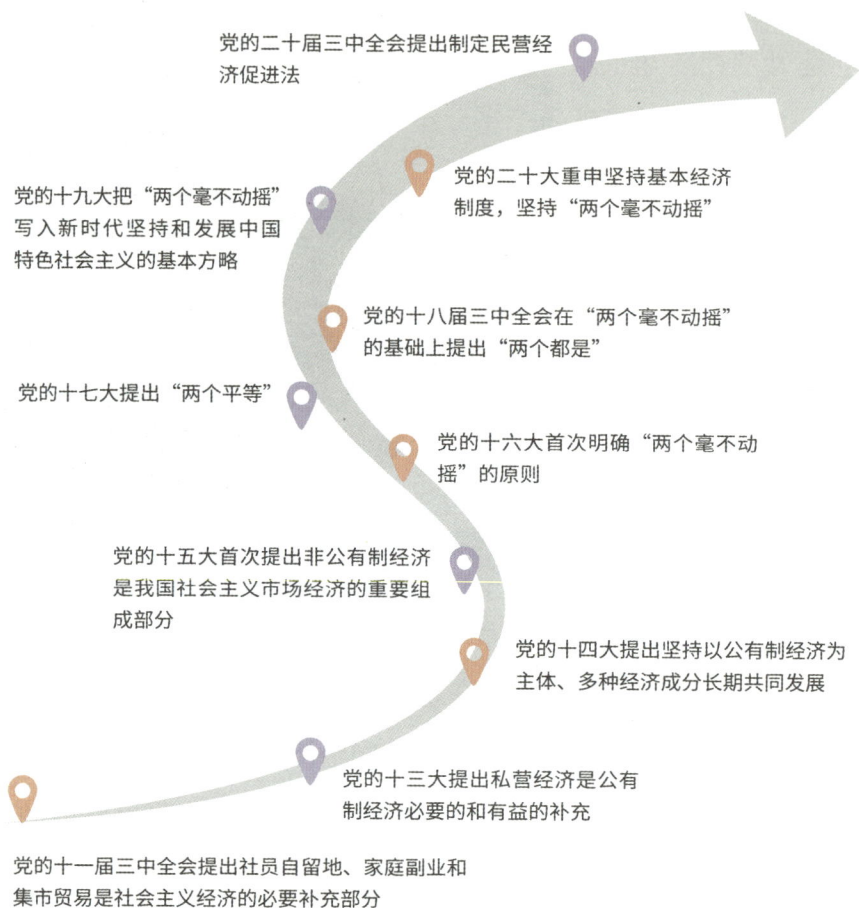

改革开放以来党的全国代表大会和全会涉及民营经济的重要表述

展改革委设立民营经济发展局，在市场准入、公平竞争、要素保障、权益保护等方面实施一系列重大政策措施，推动民营经济整体实力显著提升。民营企业数量从 2012 年年底的近 1100 万户发展到 2025 年 5 月底突破 5800 万户，10 余年间增长近 5 倍，不少民营企业从不起眼的"小不点"成长为担大任的"大

> **"两个毫不动摇"：** 毫不动摇巩固和发展公有制经济，毫不动摇鼓励、支持、引导非公有制经济发展。
>
> **"三个没有变"：** 非公有制经济在我国经济社会发展中的地位和作用没有变，我们毫不动摇鼓励、支持、引导非公有制经济发展的方针政策没有变，我们致力于为非公有制经济发展营造良好环境和提供更多机会的方针政策没有变。
>
> **"两个健康"：** 促进非公有制经济健康发展和非公有制经济人士健康成长。

块头"，入围世界 500 强的民营企业由 6 家增加至 34 家。国家高新技术企业中，民营企业从 2012 年的 2.8 万家增长至 2025 年 1 月底的 42 万多家，占比由 62.4% 提升至 92% 以上；国家级专精特新"小巨人"企业中，民营企业占比超过 80%。在出口强劲的电动汽车、锂电池、光伏产品"新三样"中，民营企业贡献超过一半，2024 年首次成为我国高技术产品的最大进出口主体。回顾历史可以清晰看到，我们党关于民营经济的理论和实践是一脉相承、与时俱进的，民营经济的每一步发展都离不开党的创新理论指引、离不开党和国家的政策支持。可以说，民营经济是伴随改革开放伟大历程蓬勃发展起来的，既是改革开放的重要成果，也是中国特色社会主义之"特色"的鲜明体现。

——在实践中，民营经济是社会主义市场经济的重要组成部分，深深融入国民经济运行和社会经济活动。从经营主体看，截至 2025 年 5 月底，民营经济组织占我国经营主体总量的96.76%，生产了全国80%以上的日用消费品，繁荣了我国商品市场、极大丰富了人民生活，显著提升了我国商品与服务有效供给能力，促进了市场竞争、激发了市场活力。从产业分布看，民营企业遍布千行百业、联系千家万户，遍及零售、餐饮等基础民生行业以及科技服务、电子信息等新兴领域，并参与煤炭、电力、航空等关键领域，深度嵌入国家发展与百姓生活的方方面面。从产业链条看，民营企业活跃于研发、生产、流通等全链条，不仅是整合资源、定义标准的"链主企业"和引领创新的"领军企业"的重要来源，更是产品价值实现的核心推动力量，为我国构建起全球唯一拥有联合国产业分类中全部工业门类的完备产业体系提供了关键支撑。从要素配置看，

广西柳州民营经济实现较快增长

广西壮族自治区柳州市拥有民营经济经营主体约35.74万户，占全市经营主体的95%以上。近年来，该市积极对接粤港澳大湾区和北部湾经济区市场，拓展东盟等海外业务，依托机械制造、螺蛳粉等特色产业优势，通过跨境电商、海外仓等新模式扩大出口，不断培育外贸新增长点，2024年全市民营经济进出口总额180.98亿元，同比增长264.2%。在"2024广西民营企业100强"榜单中，该市共有13家企业上榜，上榜数量位居全区前列。图为柳州螺蛳粉产业园一家民营企业生产车间。

民营企业提供覆盖生产和生活的各种资料，直接影响要素市场总需求和总供给，使市场在资源配置中起决定性作用得以有效发挥，推动全行业效率提升。例如，民营电商平台通过降低交易成本推动零售业变革，民营物流企业利用数字化管理大幅优化供应链效能，推动着包括国有企业在内的整个行业加速改革进程、提高资源配置效率。

在发展新质生产力、推动经济高质量发展方面，民营经济也发挥着十分重要的作用。在科技创新领域，民营企业贡献了我国65%左右的专利、75%以上的技术创新、80%以上的新产品开发，新一代信息技术、新材料、生物医药、人工智能等战略性新兴产业领域中，许多民营企业成为科技创新"独角兽"，并在5G通信、高端芯片、人工智能、新能源汽车等领域取得全球瞩目的科技成果。面对错综复杂的国际贸易形势，民营企业依托市场化机制与平台优势，深度参与全球产业链分工，不仅塑造了我国国际合作与竞争的新优势，也助推国内规则与国际标准加速接轨。正是从这些意义上讲，民营经济是推进中国式现代化的生力军、实现高质量发展的重要基础，是推动我国全面建成社会主义现代化强国、实现中华民族伟大复兴的重要力量。

——从理论上讲，民营经济是我国经济制度的内在要素，民营企业和民营企业家是我们自己人。社会主义条件下能否发展民营经济？这是一个重大的理论问题。历史唯物主义告诉我们，生产力决定生产关系，一个国家选择什么样的所有制结构，根本上取决于该国的社会生产力状况。在《德意志意识形态》中，马克思恩格斯分析了人类历史发展过程中生产力和分工的不同发展阶段与所有制的关系，指出"分工的各个不同发展阶段，同时也就是所有制的各种不同形式"。这一论断深刻揭示了生产力发展水平与不同所有制形式之间的内在联系。我国正处于并将长期处于社会主义初级阶段，社会化大生产和分散的小生产经营并存，生产力发展多层次、不平衡的状况客观存在，必须有不同性质的多元所有制形式与之相适应，才能进一步解放和发展不同层次的社会生产力。习近平总书记深刻指出："我们国家这么大、人口这么多，又处于并将长期处于社会主义初级阶段，要把经济社会发展搞上去，就要各方面齐心协力来干，众人拾柴火焰高。公有制经济、非公有制经济应该相辅相成、相得益彰，而不是相互排斥、相互抵消。"因此，我们既要"毫不动摇巩固和发展公有制经济"，这是确保社会主义方向、掌握国民经济命脉、实现最终奋斗目标的制度保证；也要"毫不动摇鼓励、支持、引导非公有制经济发展"，这是立足初级阶段国情、激发社会活力、解放和发展生产力的现实路径。两者统一于社会主义初级阶段解放和发展生产力、实现共同富裕的实践要求。

马克思指出："在一切社会形式中都有一种一定的生产决定其他一切生产的地位和影响，因而它的关系也决定其他一切

晋江经验

福建省晋江市是我国最早探索和发展市场经济的地方之一，民营经济占比高，民营企业活力较强。习近平同志在福建工作期间，六年七下晋江深入调研，总结提炼了以始终坚持以市场为导向发展经济、始终坚持以诚信促进市场经济的健康发展等"六个始终坚持"以及处理好有形通道和无形通道的关系、处理好发展中小企业和大企业之间的关系等"正确处理好五大关系"为主要内容的"晋江经验"。晋江地区生产总值从1978年的1.45亿元上升到2024年的3647.45亿元，县域经济综合实力位居全国前列。图为市民参观晋江经验馆。

关系的地位和影响。这是一种普照的光，它掩盖了一切其他色彩，改变着它们的特点。"我国实行公有制为主体、多种所有制经济共同发展的基本经济制度，占主体地位的公有制就是社会主义社会"普照的光"，它决定着社会主义社会的性质，并决定着其他所有制经济成分的地位和影响。在党的领导和中国特色社会主义制度下，我国民营经济被纳入社会主义基本经济制度的框架内运行，民营经济的发展始终受到社会主义法律、政策、价值观的规范和引导，其发展目标与满足人民日益增长的美好生活需要在根本方向上是一致的，服务于国家发展战略全局。比如，2015—2020年，民营企业开展"万企帮万村"

《中国民营企业社会责任报告（2024）》发布

2024 年 12 月，全国工商联发布《中国民营企业社会责任报告（2024）》，报告显示：民营企业持续推进科技创新，2024 年中国民营企业 500 强拥有有效专利 66.67 万件，同比增长 9.39%，专精特新中小企业中，民营企业占 95%；加快绿色发展转型，中国民营企业 500 强中，84.2% 的企业采取措施推进绿色低碳转型；助力社会发展进步，中国民营企业 500 强就业总人数 1065.75 万，就业人数超过 1 万人的企业数量 244 家。报告指出，2023 年各地"民营企业进边疆"行动签订招商引资项目 240 个，签约总额 1120 多亿元；第 21 届中国慈善榜上榜企业中民营企业共计捐赠约 163 亿元，占 65%；74.9% 的民营企业将"响应党的号召"作为履行社会责任的主要动因，"企业家价值观驱动"紧随其后。

行动，有 12.7 万家民营企业精准帮扶 13.91 万个贫困村，产业投入超过 1100 亿元，惠及超过 1800 万建档立卡贫困人口，为打赢脱贫攻坚战作出了重要贡献；2021 年，民营企业接续开展"万企兴万村"行动，有 23.51 万家民营企业帮扶 16.19 万个村，为巩固拓展脱贫攻坚成果同乡村振兴有效衔接贡献力量。

综上可以看出，发展民营经济是由我国基本国情决定的，也是由民营经济的地位和作用决定的，是我们党的重大理论和实践创新；党和国家对民营经济发展的基本方针政策，已经纳入中国特色社会主义制度体系，将一以贯之坚持和落实，不会变也不能变。因此，担心我国发展民营经济是"权宜之计"完全是不必要的，促进民营企业发展的政策只会越来越完善、环境只会越来越优化，所有民营企业和民营企业家完全可以吃下定心丸、安心谋发展。

◇ 否定、怀疑民营经济的言论谬在何处

一段时间以来，社会上极少数人发表了一些否定、怀疑民营经济的言论。比如，有人提出所谓"民营经济离场论"，说民营经济已经完成使命，要退出历史舞台；有人提出所谓"新公私合营论"，把混合所有制改革曲解为新一轮"公私合营"；有人说加强企业党建和工会工作是要对民营企业进行控制；等等。这些似是而非的论调虽已然式微，但时常沉渣泛起，危害不可小觑，不仅会混淆视听、歪曲党的理论和政策，而且会影响民营经济发展的社会舆论环境，动摇民营企业发展的信心。因此，必须深入剖析并有力批驳这些错误言论，推动全社会形成对民营经济的正确认知。

"民营经济离场论"谬在对我国民营经济的地位作用认识有误。如前所述，发展民营经济是由我国生产力发展状况决定的，是由民营经济的特点和功能决定的。现代经济理论告诉我们，所有制结构不仅决定于生产力结构，还受社会需求结构的影响。一般来说，国有企业更适合供给公共产品、从事公益事业，满足经济社会发展的公共需求，主要集中在关系国家安全和国民经济命脉的重要行业、关键领域；民营经

济更适合生产和供给具有竞争性、营利性的私人产品，尤其是丰富多彩的精细化、便利性居民消费产品，主要分布在一般竞争性领域。两者在国民经济中的定位和功能等方面有所区别，同时又良性竞争、相互协作，可谓唇齿相依。许多国有企业主导的重大工程、国之重器，都有众多民营企业的参与和支持。民营经济就像大树的根须，早已深深扎根广袤的神州大地，深度融入我国经济的肌体。"民营经济离场论"既无视法律和制度对多种所有制经济共同发展的规定保障，又抹杀民营经济本身的体量、影响力以及对国计民生的现实意义，可谓谬之大矣。

2024 年 8 月，国务院核准江苏徐圩一期、浙江三澳二期等 5 个核电项目，由央企控股投资建设的同时，均引入民间资本参与，民营企业参股比例首次提升至 10%，合计出资 45 亿元作为项目资本金，预计可带动民营企业投资超过 240 亿元。图为国有企业、民营企业共同参与建设的核电机组

"新公私合营论"谬在对我国基本经济制度的实现形式认识不清。现阶段我国混合所有制改革与新中国成立初期的"公私合营"完全是两个概念、两种性质。当年的"公私合营"主要目的是通过国家对民族资本主义工商业实行社会主义改造，使其成为社会主义公有制，这在当时有必要且促进了社会生产力发展。近些年的混合所有制改革是以法治和市场为基础，按照自主自愿原则，通过国有资本、集体资本、非公有资本等多元投资、交叉持股，推动各种所有制取长补短、优势互补。从实际情况看，混合所有制改革并非单向赋能，而是双向受益，既有民间资本入股国有企业，也有国有资本入股民营企业。民营企业比较欢迎国有资本入股，因为在不改变企业实际控制权和企业性质的基础上，可以借助国有企业长期形成的品牌和市场影响力，加快企业发展、提升市场竞争力。比如，国有资本的入股，增强了企业信用等级，使民营企业可以获得更多的融资渠道、更高的信用额度，付出更低的融资成本。再比如，有了国有企业的入股，民营企业就可以在国有企业的帮助下，更好理解政策方向，抓住高质量共建"一带一路"等机遇，从而获得更多市场机会、分散市场开拓风险。同时，国有企业参股民营企业有助于国有资本保值增值，只需要持有少量股份，就可借助民营企业灵活的经营机制，探索数字经济、新能源、高端制造等新兴领域，从而不断优化国有资本布局。因此，实行混合所有制决不是"国进民退"、而是"国民共进"，决不是

"公私合营"、而是"合作共赢"。

"加强企业党建和工会工作是要对民营企业进行控制论"谬在曲解了党的领导、工会工作与民营经济发展之间的辩证统一关系。在民营企业推进党的建设，有利于支持引导民营企业健康发展。民营企业党组织在企业职工群众中发挥政治核心作用，在企业发展中发挥政治引领作用，主要职责是宣传贯彻党的路线方针政策，团结凝聚职工群众，维护各方合法权益，建设先进企业文化，促进企业健康发展等。从实践经验看，有效的党建工作能塑造积极向上的企业文化，提升员工思想觉悟和责任感，这本身就是一种生产力和组织优势。一位知名民营企业的创始人曾深有感触地说，在集团的发展过程中，许多党员员工发挥了先锋模范作用，希望更多的优秀员工能加入到中国共产党这个伟大组织中来。此外，中国工会的基本职责是维护职工合法权益、竭诚服务职工群众。在社会主义市场经济条件下，工会的角色侧重于协调劳动关系，通过维护职工权益、提升职工技能素质、组织劳动竞赛、激发职工创新创造活力，能够有效调动职工积极性，提升企业生产效率和竞争力。因此，无论是发挥党建工作的政治引领、文化塑造功能，还是借助工会工作的权益维护、关系协调作用，都是共同致力于构建和谐稳定的内部环境，提升企业软实力和抗风险能力，这也是企业实现持续健康发展之所需。可见，我们加强民营企业党建和工会工作，决不是为了

广东珠海锻强"红色引擎"激发民营企业发展新动能

近年来，广东省珠海市发挥非公党建引领企业发展的作用，新增独建、联建非公企业党组织196个，推行党组织班子和管理层"双向进入、交叉任职"，推进区域联建和行业统建，组建快递行业党委、物业管理行业党委等四大行业党委，实施"党建引领科技创新"党建项目，推动非公企业党建链与产业链、创新链、人才链、价值链相融互动，切实把党的政治优势、组织优势、群众优势转化为企业的创新动力、发展动力和竞争动力，以高质量党建推动民营企业高质量发展。图为该市民营企业商会党委换届选举大会。

控制民营企业，而是为了更好服务保障民营企业。

真理愈辩愈明。习近平总书记指出："任何否定、怀疑、动摇我国基本经济制度的言行都不符合党和国家方针政策，都不要听、不要信！"那些违背"两个毫不动摇"、唱衰民营经济的种种论调，不仅在理论上说不通，而且被实践证明是荒谬之言。对此，我们要始终坚信党和国家方针政策，全心信任、耐心支持、放心推动民营经济发展壮大。

◇ **如何看待民营经济"成长中的烦恼"**

当前，国内外发展环境深刻变化，部分民营企业由于资源依存度高、规模体量小等原因，感受到的压力和挑战更直接。不少民营企业感叹生意不好做了，钱更难挣了，有的甚至处于连续亏损状态，发展面临不小困难。在正视困难的同时也要看到，这些困难和挑战是在民营经济发展壮大过程中出现的，是一系列内外部因素交互作用的结果，属于"成长中的烦恼"。我们应当坚持用发展的眼光、辩证的思维正确看待，从而保持发展定力、增强发展信心。

——当前的困难和挑战是局部的而不是整体的。之所以这样说，是因为这些困难和挑战出现在部分行业、部分民营企业、部分区域，只是"局地气候"，并非全局性、普遍性问题。从行业来看，民营企业转型升级问题是发生在部分传统行业中的局部现象，整体而言民营经济仍是高质量发展的重要基础。在新一轮科技革命和产业变革迅猛发展大环境下，靠传统要素驱动的盈利空间缩小，一些民营企业在新旧动能转换中感受到巨大的压力。随着中央和地方陆续出台支持民营经济发展的政策举措，众多民营企业正在从劳动密集型的传统产业向资本密集型、技术密集型产业拓展，并逐步在新一代信息技术、生物技术、人工智能、新能源、新材料、新能源汽车等新兴产业或前沿科技领域，形成一批以大规模、专业化经营为特征的产业集群，逐步向"微笑曲线"的高端攀升。

从市场环境来看，当前市场出现"内卷式"竞争等问题，是民营企业行业分布的结构性矛盾所形成的局部现象。整体而

浙江杭州多举措激发民营企业科技创新活力

浙江省杭州市持续赋能民营企业科技创新，出台"杭十条"及"新雏鹰"企业培育管理办法等政策，构建以国家实验室为引领的战略科技力量矩阵，建设全省重点实验室 203 家，培育高新技术企业超 1.62 万家。完善基础研究长期稳定支持机制，统筹 15.72% 的产业政策资金集中投向新质生产力，设立规模 2000 万元的自然科学基金，建设算力小镇并集聚企业 2000 多家，培育出以深度求索（DeepSeek）、宇树科技、云深处科技等"杭州六小龙"为代表的优秀民营科创企业集群。图为宇树科技人形机器人在央视蛇年春晚表演秧歌舞。

言，我国市场规则、规制、标准的优化有利于民营经济持续健康发展。目前，我国的民营企业主要分布于中下游行业，容易受到上下游要素产品价格和准入壁垒制约，也在一定程度上加剧了民营企业"内卷式"竞争问题。这一问题具有鲜明的地域特征，相关民营企业主要集中在产业结构相对单一、显性或隐性壁垒较多的区域内，如资源依赖型地区、出口依赖型地区等。当前，我国正在深入破除市场准入壁垒，加快落实公平竞争政策制度，加强公平竞争审查和反垄断执法，民营经济发展的市场环境持续优化。只要通过制度变革充分释放改革红利，在维护市场竞争秩序的同时切实改善民营企业发展环境，民营经济的发展信心就能得到重塑，从而更好释放发展活力。

——当前的困难和挑战是暂时的而不是长期的。从外部来看，当前世界百年变局加速演进，贸易保护主义抬头、地缘政治冲突加剧，部分国家设置贸易壁垒、构筑"小院高墙"，外部环境变化带来的不利影响加深，致使跨境商品和服务流通受阻。民营企业作为我国对外贸易的重要主体受到一定影响，特别是出口导向型企业面临更高的合规成本和准入障碍。同时必须看到，跌宕起伏是经济全球化进程中的正常现象，世界经济命脉已然融为一体，经济全球化逆流的短期之"形"无法阻挡世界经济长期发展之"势"。事实上，在对部分国家出口受到影响的同时，其他市场迎来新的机遇。比如，一些民营企业借助共建"一带一路"等契机开拓多元市场，对东盟出口有较大幅度增长，有效缓解了美国关税霸凌政策的冲击。

从内部来看，我国正处在转变发展方式、优化经济结构、转换增长动力的关键期，经济增长速度放缓、国内有效需求不足等问题导致企业经营压力较大，但其本质是经济结构调整中的周期性现象，而非长期结构性问题。我国宏观经济具有强大的发展韧性，经济基础稳、优势多、韧性强、潜能大，长期向好的支撑条件和基本趋势没有变。同时要看到，中国经济结构调整的过程也是走向高质量发展的过程，对民营企业和国有企业都会带来新的挑战，两者都需要逐步适应。市场有波动、经济有起伏、结构在调整、制度在变革，在这样一个复杂背景

吉林发展跨境电商助力民营企业拓展海外市场

为支持"吉林制造""吉林优品"走向全球，吉林省组织编制全省跨境电商产业带地图，设立首批跨境电商产业带企业名录、特色产品库，获批长春、珲春、吉林、延吉等4个国家跨境电子商务综合试验区，设立跨境电商服务中心，打造珲春东北亚跨境电商产业园，拓展货运包机、中欧班列等跨境物流通道。2024年，该省通过海关跨境电商管理平台进出口总额达52亿元，是2020年的5.4倍。图为该省珲春东北亚跨境电商产业园一角。

下，部分民营企业遇到困难和问题是难免的。比如，民营企业在转型发展中会遇到成本增加、利润下降等问题，从而面临融资难度加大、优质人才流失、社会预期走弱等一系列困难和挑战，但这种挑战只是民营经济转型过程中暂时性的困难。随着转型的不断推进，民营经济的创新研发能力、风险抵抗能力、社会责任意识等都将明显提升，吸引优质资本、优秀人才等一系列要素重新流入。因此，随着民营经济跨过转型的"火山"，这些阶段性难题都将迎刃而解。

——当前的困难和挑战是能够克服的而不是无解的。随着我国经济实力、科技实力、综合国力不断增强，民营企业面对的要素资源、产业体系、市场规模及营商环境持续优化，加之民营企业自身机制灵活、韧性较强，未来发展空间大、潜力足，遇到的难题都将有破解之道。比如，我国拥有联合国产业分类中全部工业门类，产业体系配套完整，基础设施网络化、智能化、便利化、协同化水平较高，技能人才总量超过 2 亿人、高技能人才超过 6000 万人，全球规模最大的科学家和工程师群体已经形成，这些都为民营经济高质量发展奠定了坚实的物质技术和人力资源基础。再比如，作为全球第二大消费市场，我国国民的消费能力、消费领域、消费方式、消费场景都还有巨大潜力有待深入挖掘，广大消费者对高品质、个性化的产品和服务需求不断增加，超大规模市场可以容纳多条技术路线，为企业开展创新活动提供多样化的应用场景，继而可分摊创新试错成本、降低研发风险，为民营企业开展技术创新提供有力支撑。

更为重要的是，中国特色社会主义制度具有多方面显著优势，社会主义市场经济体制、中国特色社会主义法治体系不断健全和完善，将为民营经济发展提供坚强保障。我们不断完善促进民营经济发展的理论、方针和政策，构建鼓励、支持、引导民营经济发展的完整制度体系，民营经济促进法的实施以及一系列促进民营经济发展政策措施的落地见效，为民营经济的壮大提供了更好的发展环境。我们坚定不移进一步全面深化改革，着力做强国内大循环，构建全国统一大市场，促进各类要素高效流动、供需有效匹配，完善民营企业参与国家重大项目建设长效机制，支持有能力的民营企业牵头承担国家重大技术攻关任务，向民营企业进一步开放国家重大科研基础设施，逐步化解民营企业融资难、融资贵问题，为民营经济配置资源、扩大市场提供更多契机。我们大力推进高水平对外开放，主动对接国际高标准经贸规则，稳步扩大制度型开放，深化外商投资和对外投资管理体制改革，完善推进高质量共建"一带一路"机制，不断为民营企业国际化发展拓宽空间。

有风有雨是常态，风雨过后见彩虹。我国民营企业是在荒芜和夹缝中成长起来的，也是在克服千难万险中发展起来的。不同时期有不同的问题，不同阶段有不同的挑战，但总的来说机遇大于挑战。民营企业和民营企业家应当不畏浮云遮望眼，相信"成长中的烦恼"终将在成长中解开，在困难和挑战中看到前途、看到光明、看到未来，不断去探索、去奋斗、去克服困难，阔步前行在新时代的春天里。

四川成都深化"智慧蓉城"建设服务民企发展

近年来，四川省成都市强化智慧赋能，创新打造"蓉易见"政企互动平台、"蓉易投"项目对接平台、"蓉易用"要素保障平台等"蓉易＋"系列服务平台，进一步优化民营企业营商环境。其中，"蓉易贷"平台吸引100余家金融机构入驻，上架280余款金融产品，累计为企业放款超100亿元。图为该市召开第5期"蓉易见·民企会客厅"民营经济高质量发展座谈会。

◇ 民营经济高质量发展如何推进

经过几十年的打拼奋斗，我国民营经济已从快速发展阶段进入高质量发展阶段。党的二十届三中全会强调，要坚持和落实"两个毫不动摇"，坚持致力于为非公有制经济发展营造良好环境和提供更多机会的方针政策。当前，我国的政治环境、经济环境、社会环境都十分有利于民营经济发展，广大民营企业和民营企业家大显身手正当其时。将美好图景变为现实，需要政府、企业和社会各界共同努力，推动促进民营经济发展的相关政策措施加快落地见效，形成共同促进民营企业做强做优做大的强大合力。

一是构建"有效市场"，拓展民营企业发展空间。一个真正的"有效市场"，核心在于提供稳定、公平、透明、可预期的环境，涵盖公平竞争的市场环境、政策环境、法治环境。要落实民营经济促进法，坚决破除依法平等使用生产要素、公平参与市场竞争的各种障碍，严格落实市场准入负面清单和"非禁即入"制度，切实保障民营企业在获取资金、土地、人才、信息、科技等关键生产要素方面的平等权利。完善民营企业进入关键领域、参与国家重大项目的长效机制，支持民营企业在新兴产业、未来产业投资布局，支持更多民间资本投资铁路、核电、水利、公共服务等领域重大项目，支持民营企业积极参与"两重"建设和"两新"工作。

二是建设"有为政府"，提振民营企业发展信心。企业从孕育到壮大的全生命周期，都离不开政府精准有力的政策支持与服务保障。现在，优化营商环境成效显著，"有形之手"持续赋能，但政策落地"最后一公里"的梗阻仍需打通。部分政策存在执行时差、偏差，或多部门政策叠加甚至相互掣肘产生"合成谬误"，影响了纾困解难的精准性。为此，必须强化顶层设计与协同执行，着力提高宏观政策取向的一致性，完善政策执行评估和跨部门协同机制，运用数字化手段动态监测民营企业发展痛点难点。要以金融赋能为关键突破口，统筹推进财税金融体制改革，完善标准统一、权威的信用体系，构建多层次政策性金融支持体系，优化银行信贷结构，鼓励开发适配民营企业需求的金融产品，发挥政府资金"四两拨千斤"的引导作

湖南长沙深化民营企业全周期服务

近年来，湖南省长沙市全面推广"一照多址"改革，创新"芙蓉先锋帮代办"等服务举措，设置"营商政策码"，畅通政企服务专线，搭建"惠企通"一站式服务总平台，组建万名企业服务专员队伍，健全领导干部联系重点企业帮扶机制，将每年的 11 月 1 日设立为"企业家日"，连续 10 年举办政企恳谈会。图为长沙经开区政务大厅工作人员为企业服务。

用，撬动更多社会资本流向重点产业和关键领域的民营企业，实质性解决融资难、融资贵顽疾。要依法全面保护民营企业产权和企业家权益，加强对民营企业原始创新的保护，集中整治乱收费、乱罚款、乱检查、乱查封，坚决防止所谓"远洋捕捞"等违规异地执法和趋利性执法，让民营企业敢于投资、安心经营、长远发展。要着力解决拖欠民营企业账款问题，从政府、国有企业特别是中央企业带头做起，同时建立拖欠企业账款领域信用监管机制，强化失信惩戒，避免边清边欠、清了又欠、没完没了。归根结底，要构建亲清政商关系，加快建设服务型政府，为民营企业行稳致远提供坚实后盾。

三是培育"有成企业"，增强民营企业发展动能。外部环境的优化最终要落脚于企业自身的内功修炼上。面对新一轮科技革命和产业变革浪潮，创新是赢得未来的制胜先手棋。民营企业必须保持爱拼会赢的精气神，坚定不移走高质量发展之路，将创新作为核心驱动力，全面推进技术创新、产品迭代、组织变革与商业模式升级，加速推动云计算、大数据、物联网、人工智能等技术与生产经营深度融合，不断提升核心竞争力。引导民营企业稳妥有序"走出去"，主动参与全球竞争，积极融入共建"一带一路"，利用国际产业分工深化国际化经营，力争成为全球产业链、创新链、价值链上的关键节点。民营企业要打造"百年老店"、成为常青树，必须有先进的管理制度。鼓励支持民营企业按照中国特色现代企业制度要求完善

多部门联动支持民营企业敢闯敢干

为促进民营经济发展，多部门联动持续优化民营经济发展环境。发改部门牵头开展市场准入壁垒清理整治行动，发布《市场准入负面清单（2025年版）》，清单事项数量由2018年版的151项压减至106项，支持民营企业积极参与"两重"建设、"两新"工作。税务部门优化税费服务，开展"中小企业服务月"等活动，民营经济纳税人2024年享受新增减税降费及退税1.26万亿元。司法部门加快法律配套制度机制建设，依法保护民营企业合法权益。金融监管部门优化信贷供给政策，我国2024年普惠小微贷款余额33.3万亿元，同比增长14.7%。图为重庆金融机构设立金融服务港湾服务民营企业。

企业治理结构，规范股东行为、强化内部监督、健全风险防范机制，不断完善劳动、人才、知识、技术、资本、数据等生产要素的使用、管理、保护机制，持续提升企业管理水平。引导民营企业重视企业接班人培养，有针对性地加以塑造和锤炼，让企业后继有人、持续健康发展。

四是建设"有容社会"，改善民营企业发展环境。民营经济本质上是"环境经济"，其活力高度依赖于良好的社会氛围。要持续优化民营经济发展的良好舆论环境，宣传我们党关于支持民营企业发展的立场态度和政策举措，推广发展民营经济的典型案例和经验做法，传扬优秀民营企业家的先进事迹，批驳造谣抹黑民营企业和民营企业家的错误言论。要形成鼓励创新、宽容失败的良好氛围，激发人们的创业热情和创新精神，营造全社会创新创业的浓厚氛围。与此同时，民营企业家要珍视自身的社会形象，满怀创业和报国激情，不断提升理想境界，厚植家国情怀，富而思源、富而思进，坚持诚信守法经营，积极履行社会责任，关爱自己的员工，积极构建和谐劳动关系，力所能及参与公益慈善事业，做爱国敬业、守法经营、创业创新、回报社会的典范。

在风雨洗礼中成长、于考验磨砺中壮大，一部民营经济的成长发展史，可以说是我们的国家和人民在时代大潮中攻坚克难、勇毅前行的一个缩影，也是中国经济强大韧性和充沛活力的鲜明体现。中流击水，奋楫者进；人到半山，唯勇者胜。奔赴中国式现代化的星辰大海，民营经济前景广阔、动力澎湃、护航坚实，正当劈波斩浪之际，更应高扬创新之帆、奋划实干之桨，续写高质量发展新篇章！

3 耕耘在希望的田野上

——如何推进乡村全面振兴？

中国是一个农业大国，悠久厚重的农耕文明深深烙印在民族血脉之中。从"洪范八政，食为政首"的治国箴言，到历代王朝"重农固本"的执政圭臬，农业农村农民问题历来是国家治理和社会稳定的头等大事。进入新时代，一部脱贫攻坚的史诗、一曲乡村振兴的壮歌，在神州大地上演了气壮山河的山乡巨变，古老的乡土中国正经历着千年未有的深刻蝶变。与此同时，随着新

型工业化、信息化、城镇化、农业现代化的深入推进，乡村也面临人口减少、耕地撂荒、农房闲置等诸多问题。面对这样的情势，人们难免有诸多隐忧和顾虑：未来谁来种地？中国人的饭碗还能不能牢牢端在自己手中？脱贫之后的农村将怎样更好发展？推而广之，我们如何吸取一些国家现代化过程中处理工农关系、城乡关系的经验教训，走出一条既具中国特色又有世界意义的乡村发展之路？这些都是我们沉浸于乡村蝶变喜悦的同时，不能不严肃审视并努力回答好的时代命题。

◇ "乡土中国" 的时代新貌

"迤递三千里，江山一卷横。"六百余载光阴流转，元代名家黄公望笔下的《富春山居图》，勾勒了中国人对诗画田园的憧憬与向往。然而，这画卷之外的"乡土中国"，曾经是群山锁困、沟壑纵横的贫瘠形象，在"望山跑死马，望村跑断腿"的叹息里，深藏着世代农人对丰衣足食的灼灼渴望。

置身于农民占人口绝大多数的中国，我们党深刻认识到，乡村蕴藏着社会变革深沉而蓬勃的力量。在党的带领下，广大农民觉醒起来、组织起来、武装起来，投身中国革命的历史洪流，深刻改变了中国的前途命运，也改写了乡村和农民自己的命运。新中国成立后，乡村迎来了中国几千年历史上最伟大、最深刻的变革：建立农村基层政权，开展全国范围的土地改革，掀起农田水利建设的高潮，开展全国性扫除文盲运动，发展普惠性农村社会事业……第一次真正成为乡村主人的农民，以极大政治热情和生产积极性建设着自己的家园。改革开放的"一池春水"也从农村开始激活，比如确立以家庭承包经营为基础、统分结合的双层经营体制，乡镇企业异军突起，一系列创新制度解放了生产力。此后，我们党确立了把解决好"三农"问题作为全党工作重中之重的战略思想，采取"多予少取放活"的农村工作方针，彻底废除了延续2600年的"皇粮国税"，社会主义新农村建设快速发展。

新时代的曙光穿透层峦、照亮乡土，一场关乎民族根基的伟大变革在阡陌间铺展。党的十八大以来，我们党团结带领全国各族人民攻坚克难、砥砺前行，如期打赢脱贫攻坚战，全面

经过半个多世纪的开发建设，昔日莽莽荒原的黑龙江北大荒，变成了国家的大粮仓。图为北大荒七星农场

建成小康社会，一扫千百年来"小康何敢望，生计且支撑"的唱叹。无数曾经深陷贫困泥沼的村庄和家庭，彻底告别贫困，稳步踏上小康之路。放眼全国，从秦岭深处到高原之巅，从长江之畔到黄河之滨，一个个望得见山、看得见水、记得住乡愁的美丽乡村点缀其间，一幅幅现代版"富春山居图"正在广袤的乡村大地徐徐展开。

农村面貌焕然一新。"四好农村路"沟通城乡、连接市场，250余万公里新改建农村公路纵横蜿蜒，具备条件的乡镇和建制村全部通硬化路、通客车、通邮路，通 5G 的行政村占比超过 90%。农村自来水普及率已达 94%，电力网用户平均供电可靠率超 99.9%，清澈的自来水汩汩流进千家万户，曾经沉寂的夜晚被太阳能路灯温柔点亮。农村卫生条件大幅改善，卫生厕所普及率达到 76% 左右，对生活垃圾进行收运处理的行政村稳定保持在 90% 以上。青砖黛瓦的民居与生机盎然的田园、清澈见底的河流相映成趣，一个个风景优美、环境舒适、交通便利、设施完备的宜居乡村被更多人看见。

产业发展活力涌现。当前，农村创新创业环境不断改善，广阔天地大有可为。传统农业加快转型升级，农用无人机飞越青苗，智能传感器实时收集土壤信息，大型农机不知疲惫地高效耕耘，"新农人"在田间地头大秀"科技范儿"。特色产业蓬勃发展，2024 年全国规模以上农产品加工企业营业收入约 18 万亿元，全国绿色、有机、名特优新和地理标志农产

无人机飞越油菜花田

智能机器人采摘水果

"三农"达人直播带货

"新农人"操作循环式育秧机

品认证登记总数达 8.2 万个，3000 多个区域公用品牌晋升"名品"，一大批小而精、特而美的优势特色农业品牌受到"追捧"，让村里的"土特产"变成了城里的"香饽饽"。乡村旅游、农村电商等新产业新业态方兴未艾，"村字号""乡游"IP吸粉无数，采摘观光、农事体验、科普培训、康养保健等产业在一方乡土中竞相兴起，农产品乘"云"出村、收入顺"网"归家，"农业 +"成为旅游和消费的新热点。曾经面朝黄土背朝天的传统农民，如今正通过电商直播、非遗传承、乡村旅游等新业态，将阡陌交通转化为致富坦途。

农民生活更加红火。农民作为乡村的主体，其收入、教育、社保、医疗、养老等各方面状况直接反映他们的生活质量和幸福感。2024年，农村居民人均可支配收入达到23119元，同比实际增长6.3%，农民兜里鼓起来的不仅是真金白银，更是让日子越过越红火的底气与希冀所在。衣，从穿暖到穿美、穿出时尚；食，从吃饱到吃好、吃出健康；住，从有所居到更敞亮、更宜居；行，从便利通畅到快捷舒适。更深刻的改变，在于公共服务持续优化。通过实施"特岗计划"，中西部地区22个省份1000多个县、3万多所乡村学校补充了115万名教师，知识的星火点亮乡村课堂；基本医疗保险人均财政补助水涨船高，从2012年的240元提高到2024年的670元，县域内常见病、多发病就诊率超90%，乡村两级诊疗量县域内占比长期保持在2/3以上，乡音乡情里守护健康；基本养老保险的网络继续扩大，参保率已达到95%，稳稳托底农民的晚年时光……"幼有所育、学有所教、劳有所得、病有所医、老有所养、住有所居、弱有所扶"的愿景，正在跃动的数字和精准的政策实施里，化为触手可及的现实。

文明乡风蔚然成风。"万民乡风，旦暮利之。"从农家书屋、文化礼堂到健身广场，农民的文化生活日益丰富多彩、精神世界越发充实丰盈，移风易俗默默改变着生活底色，淳朴的乡情在新时代焕发光彩。"村BA"的篮球激情点燃夜空，"村超"的绿茵梦想肆意飞扬，"村晚"的舞台演绎自信与欢畅，"村跑"的脚步丈量家园的空间……各种乡土气息浓郁、农民喜闻乐见的"村字号"活动竞相开展，非遗技艺在掌声中焕发新生，礼仪风俗于展

"村超""村 BA"持续火爆尽显乡村文化魅力活力

近年来，"村超""村BA"等一系列乡村赛事在全国多地蓬勃开展。它们大多由民间自发组织、村民自发参与，赛事发起、赛程安排、节目表演、奖励奖品等都体现了浓浓的"村"味。"村超""村BA"既是一场球员和球迷的大联欢，也是体验乡村精神文明的盛宴，在为群众带来更为丰富的文体享受的同时，也作为重要的 IP 为乡村全面振兴增添新动能。图为贵州省榕江县"村超"现场民族歌舞表演。

演里赓续传统。文化繁荣、大地流彩，乡村文明的新画卷正由农民自己挥毫泼墨。邻里之间，欢声笑语多了、"鸡毛蒜皮"少了，乡村社会的文明指数在日新月异的变化中不断攀升。

从脱贫攻坚的全面胜利到乡村振兴的蓝图展开，中国乡村正进行着从"全面小康"到"全面振兴"的历史性跨越，经历着一场深刻而全面的历史性变革。这场变革不仅体现在物质条件的改善上，更体现在制度框架的完善、发展理念的跃升与内生能力的觉醒中。

◇ 脱贫攻坚成果如何巩固拓展

贫困是与人类社会发展相伴相生的社会现象，也是当今世界各国尤其是发展中国家的顽疾。将其喻为"顽疾"，不仅因其治理维艰，更在于其易反复、难根除。正因如此，世界上许多国家至今仍深陷"贫困—干预—返贫"的怪圈，始终未能实现稳定、可持续的脱贫跃迁。究其根源，或因致贫原因的复杂性多样性，或因帮扶政策缺乏连贯性持久性，或因实现内生"造血"非一时一事之功，或因资源垄断与机会不公的痼疾难以撼动，不一而足。对我国来说，巩固脱贫攻坚成果也面临着诸多困难。比如，激发脱贫群众内生发展动力绝非易事，一个地区长期贫困造成群众信心上的抑制、志气上的消磨、意愿上的减弱，需要持续正向激励才能逐渐消弭。再比如，现代产业发展越来越向产业链延伸、向多功能拓展，没有外部力量介入，单凭乡村难以完成这样的转型，有基础的乡村尚且如此，脱贫地区和脱贫群众就更为困难。

"胜非其难也，持之者其难也。"胜利的取得固然可贵，但巩固胜利成果才是最难的。如期打赢脱贫攻坚战的凯歌犹在耳畔，而"持"胜的考验才刚刚拉开序幕。习近平总书记的论断掷地有声："脱贫摘帽不是终点，而是新生活、新奋斗的起点。""对退出的贫困县、贫困村、贫困人口，要保持现有帮扶政策总体稳定，扶上马送一程。"扶上马，如何送一程？党中央审时度势，2021年作出设立5年过渡期的重大战略部署，强调过渡期内严格做到"四个不摘"，其核心目标在于实现巩固拓

四个不摘

摘帽不摘责任
摘帽不摘政策
摘帽不摘帮扶
摘帽不摘监管

展脱贫攻坚成果同乡村振兴战略的平稳、有效衔接。这一制度安排，既为筑牢脱贫根基、防范返贫致贫风险提供了关键缓冲，也为探索衔接路径、优化长效机制预留了宝贵的政策空间。

从 2021 年到 2025 年，过渡期行至最后一年。下一步怎么走，还需要客观分析、精准评估、正确对待。我们必须深谙消除贫困的复杂性、长期性与反复性，保持历史耐心与战略韧性，坚决把"不发生规模性返贫致贫"作为乡村全面振兴的底线任务，将持之以恒的制度创新、能力建设和包容性增长作为其根本解方。

一是织密防止返贫致贫动态"监测网"。返贫致贫的风险，并非蛰伏于脱贫之后的某个节点，而是深嵌于脱贫过程的脆弱性环节之中，容易出现一边脱贫、一边返贫的动态交织现象。比如，有的脱贫户收入水平仍然不高，已经脱贫但不够稳定；

建立全国防止因病返贫动态监测系统

国家卫生健康委在原来全国健康扶贫动态管理信息系统的基础上，与全国防止返贫监测和衔接推进乡村振兴信息系统对接，与有关部门数据进行比对，建立了全国防止因病返贫动态监测系统，针对脱贫不稳定户、边缘易致贫户和突发严重困难户等易返贫致贫人口开展动态监测。图为该系统网站登录页面。

有些农户过去不是贫困户但处于贫困边缘，现在有致贫的风险；还有些农户因病、因残、因就业不稳，收入大幅降低或支出大幅增加，也可能由此致贫。洞悉此险，应结合历史情况和现实要求，精准界定规模性返贫致贫的"警戒水位"，构筑起灵敏高效的"预警雷达"，通过农户自主申报、基层干部排查、部门筛查预警等方式，持续加强防止返贫致贫的动态监测，实时捕捉收入波动、医疗重负、教育压力等"涟漪"，精准识别突发重病、自然灾害、产业受挫等风险苗头。同时，将干预的端口前移，建立"风险识别—快速研判—精准滴灌"的响应机制，重点关注脱贫不稳定户、边缘易致贫户和突发严重困难户等群体，在风险演变为现实前启动帮扶，避免"小病拖成大灾"。

二是建立长效化机制"防护栏"。要真正实现脱贫成果的可持续性，必须推动阶段性帮扶政策转化为长效化制度安排，确保各阶段目标与政策工具的无缝衔接，形成久久为功的治理韧性。过渡期的一项重要任务，就是将特殊时期的超常规举措，审慎转化为常态化、规范化、制度化的运行机制。面向未来，需以精准的"政策听诊器"对现有帮扶措施进行适应性评估，通过"延续—优化—调整"的动态校准，维系制度的连续性与公信力。在此基础上，构建常态化帮扶的长效机制，为农村低收入人口和欠发达地区量身定制分层分类帮扶制度，完善央地垂直互动、地方横向联动、地方内横纵交织的帮扶运行机制，以产业合作、资源互补、劳务对接、人才交流等帮扶机制，推动帮

沪滇劳务协作共育"红河嫂"品牌

"红河嫂"是云南省红河县依托沪滇协作项目打造的劳务品牌，主要围绕市场需求开展家政、保洁、收纳整理、育儿嫂、养老护理等专业培训，提升妇女就业技能，让每位"红河嫂"成为合格的家政服务工作者。同时，沪滇两地人社部门通过多种途径，广泛宣传上海的企业岗位、两地劳务协作政策，健全跟踪回访和服务保障工作长效机制，实现在沪务工人员情况实时互通，让在沪就业人员感受到"娘家人"的温暖。图为"红河嫂"项目开展的"哈尼刺绣进上海"培训。

扶方与被帮扶方的互惠互利。此前许多行之有效的制度和做法，如防止返贫就业攻坚行动、东西部劳务协作、就业帮扶车间、乡村公益性岗位、科技教育医疗干部人才"组团式"帮扶、科技特派团、社会组织结对帮扶等，应坚持下去并不断完善。

三是培育造血式赋能"新引擎"。防止返贫致贫的根本，在于实现从生存型"输血"援助向发展型"造血"赋能的转变，通过激发脱贫主体的能动性，推动其从"脱贫客体"转化为"振兴主体"，完成"要我富"到"我要富"的认知跃迁。产业培育是这一转型的核心载体与制度枢纽。目前，全国 832 个脱贫县均培育形成了 2—3 个特色主导产业，近 3/4 的脱贫人口与新型农业经营主体建立了利益联结关系，但产

贵州威宁发展县域旅游壮大富民产业

近年来，贵州省威宁彝族回族苗族自治县深入推进旅游产业化，编制县域旅游发展总体规划，培育生态康养、体旅融合、乡村旅游等新业态，创新草海传统旅游模式，设计环湖游旅游线路，推出苗族花山节、彝族火把节、牛王争霸赛、千人撮泰吉等文旅活动，鼓励发展背包游、徒步游等，推动县域旅游发展从"单点突破"到"多维发展"，将旅游资源转化为富民产业。图为游客在该县百草坪景区骑马观光。

业规模小、链条短、技术弱、抗风险能力不强也是必须跨过去的一道坎。要分类推进帮扶产业高质量发展，加大技术、人才支持力度，组织开展技术服务、培训产业带头人等，推动帮扶产业"从有到好"，持续发展壮大，走出一条从"生存保障"到"发展赋能"、从"外部输血"到"内生造血"的振兴之路。

"行百里者半九十。"从脱贫攻坚的决战决胜，到巩固拓展脱贫攻坚成果同乡村振兴有效衔接，再到推进乡村全面振兴，我们正处于制度变迁的深水区与韧性考验的关键期，尤需摒弃任何松劲懈怠的治理惰性。巩固拓展脱贫攻坚成果的"持胜之道"，其精髓恰在于一个"持"字，持的是恒心，持的是定力，持的是温度。唯有以永不懈怠的精神状态、一往无前的奋斗姿态，坚决守护好来之不易的胜利果实，方能使彪炳史册的脱贫伟业真正经得起历史和人民的检验。

◇ 城乡融合发展怎样推进

城乡融合发展是中国式现代化的必然要求。推进城乡融合发展，就是要统筹新型工业化、新型城镇化和乡村全面振兴，全面提高城乡规划、建设、治理水平。纵观人类现代化进程，能否正确处理城乡关系，关乎现代化成败和乡村长远发展。西方比我们先进入工业化，也比我们先面对这个问题，其经验得失带给我们诸多启示和思考。其实，在西方历史的叙事逻辑中，城市和乡村始终是一对充满张力的矛盾体，城乡关系是一部关于文明与野蛮、进步与落后、理性与蒙昧的对立史，城市被视为人类智慧的结晶和文明的灯塔，而乡村则长期被赋予了落后与守旧的象征意义。这种根深蒂固的观念甚至可以追溯到其词语本身。比如，在拉丁语中，"城市"一词源于 urbs，特指拥有特定政治和法律秩序的聚居地，其派生词 urbanus 暗示着城市与文明、教养的内在联系。相反，"乡村"则源于 pagus，意为"乡村地区"，其形容词 paganus 最初指"乡村的"或"乡下人"，而其在基督教兴起后甚至还有了"异教徒"的贬义。工业革命颠覆了西方传统的城乡格局，却并未消弭这种对立，反而将其推向了新的高潮。蒸汽机和工厂的轰鸣将城市变成了现代性的熔炉，资本、技术和新的社会关系迅速聚集，创造了前所未有的物质财富；乡村则被无情地卷入到市场经济的浪潮中，被城市通过非对称要素流动进行资源掠夺，逐步沦为城市的附庸，文化肌理与社会生态持续消解。许多西方思想家对这种城乡对立进行了探究和反思，比如卢梭对城市腐败的批判与对乡村"自然状态"的向往，尼采对城市虚无主义和生命力衰退的批判，齐美尔对城市生活"精神紧张"的洞察，等等。

马克思主义经典作家非常关注城乡关系问题。马克思恩格斯站在历史唯物主义的立场，以19世纪德、法、英等国城乡发展状况为主要依据，分析城乡分离与对立的原因及造成的影响，并指出未来城乡关系的发展必将以融合为历史趋势。马克思在《资本论》中描述道："一切发达的、以商品交换为中介的分工的基础，都是城乡的分离。"恩格斯在《共产主义原理》中首次提出了"城乡融合"的概念，"通过消除旧的分工，通过产业教育、变换工种、所有人共同享受大家创造出来的福利，通过城乡的融合，使社会全体成员的才能得到全面发展"。我们党以马克思主义为指导，结合中国具体实际和中华优秀传统文化，对如何处理好城乡关系进行了长期探索。新中国成立前夕，毛泽东同志就指出，"城乡必须兼顾，必须使城市工作和乡村工作，使工人和农民，使工业和农业，紧密地联系起来。决不可以丢掉乡村，仅顾城市"。工业化起步阶段，"农业支持工业、农村支持城市"的战略选择，客观上形成了城乡二元结构，这是特定历史条件下的必然之路。改革开放和社会主义现代化建设新时期，从按照"先农村、后城市"的改革思路变革生产关系，到"以工促农、以城带乡"的发展阶段，我国城乡关系深刻重塑，经历了从城乡改革调整到城乡协调互动的演变。进入新时代，党的十九大报告提出实施乡村振兴战略，"城乡融合发展"被写入党的文献，标志着二元对立结构的终结与城乡共生时代的开启。党的二十届三中全会更是将这一理念锻造成制度基石，为建构新型工农城乡关系提供了根本依循。

城市与乡村，如同托举人类文明的两片互补拼图，承载着差异化的社会生产与再生产功能，共同构成了人类聚居生产生活的两大空间形态，是融合共生的命运共同体。唯有打破城乡对立

海南黎陶：从"泥间传承"到"富民产业"

黎族原始制陶技艺作为国家级非物质文化遗产，承载着黎族人民千年的智慧与文化记忆。在海南省三亚市黑土村，黎陶合作社带领村民们走出一条从传统泥间技艺到现代销售的致富新路。黑土村的黎陶合作社以传承黎族非遗技艺为核心，村民们在合作社的支持下，学习和传承黎陶制作工艺，销售黎陶产品。通过合作社的市场推广，黎陶产品成为当地的文化名片，也为村民带来了可观的经济收益，实现了非遗传承与乡村发展的双赢。图为村民在海南三亚黑土村黎陶合作社制作黎陶。

逻辑、城乡二元结构，让乡村成为"有产业、有颜值、有乡愁"的重要发展单元，方能实现"各美其美，美美与共"的城乡融合新图景。2020年12月，习近平总书记在中央农村工作会议上指出："今后15年是破除城乡二元结构、健全城乡融合发展体制机制的窗口期。"现在距2035年只有10年时间，完成破除城乡二元结构目标可谓时间紧、任务重，需要我们以时不我待的精神状态加以推进。当前，需要在以下几个方面重点突破。

一是促进资源要素互通。长期以来，我国城乡发展差距的主要症结在于生产要素流动的"肠梗阻"。城市集聚资金、技术，却深陷"资源过载、环境超载"之困；乡村怀抱土地、人力，却苦于"资金荒、技术荒、人才荒"之短。尽管我国城乡资源已经"双向奔赴"，但城市对乡村生产要素的"虹吸效应"较强，导致要素平等交换的"高速公路"仍未全线贯通。促进城乡要素平等交换、双向流动，必须破除制度壁垒，推动要素市场化改革，构建一个以"人、地、钱"为核心资源要素的互通新格局。比如，建设城乡统一的建设用地市场，有序推进农村集体经营性建设用地入市改革，允许农户合法拥有的住房通过出租、入股、合作等方式盘活利用，加大金融对农业农村的支持力

> **虹吸效应**
>
> 虹吸效应，又称虹吸现象，物理上原本是指由于液态分子间存在引力与位能差，液体会由压力大的一边流向压力小的一边。经济学上的虹吸效应，是指优先发展的城市由于发展速度和体量等方面优势，从而对周边甚至更大范围内的人才、物资、资金形成巨大虹吸力。

度，引导和规范社会资金投向乡村生产生活，让闲置土地和农房在产权改革中激活利用，让金融活水更好润泽乡野。

二是畅通人员流动渠道。改革开放以来，人的自由流动是城乡融合最生动的注脚。数以亿计的农民工如候鸟般穿梭于城乡，他们为城市添砖加瓦，却常常因户籍等原因，在子女教育、医疗养老上无法获取同等待遇；乡村"熟人圈"、身份差异等造成的阻隔，使外来人才难以扎根，同时本土青年外流严重，导致乡村发展缺乏人气和生机。破解困局需要双向发力：在进城端，实施新一轮农业转移人口市民化行动，推行由常住地登记户口提供基本公共服务制度，打通落户、社保、住房等关键环节，使迁徙者落地生根；在返乡端，构建城市人才"下乡直通车"，健全乡村人才"引育用留"全链条机制，同步保障返乡就业创业人员

河北沧州完善民生措施让农民工更好融入城市

2024 年 12 月，河北省沧州市人社局、教育局、住建局等 6 部门联合制定《农民工市民化服务保障措施落实方案》，提出发挥全市劳务品牌的引领作用、向农民工发放公租房租赁补贴、提供就医指导以及全程健康咨询、将农民工子女教育纳入财政保障范围等 18 项举措，努力解除农民工进城后就业、住房、医疗、子女就学、权益保障等方面的后顾之忧，增强农民工对城市发展的信心和归属感。图为群众在了解该市农民工市民化相关政策。

享受相关权益，让归来者心有所安。需要指出的是，部分农村劳动力在城镇和农村流动的"两栖人"、候鸟现象，在我国现阶段乃至相当长历史时期都会存在。对此，要保持足够的历史耐心，在农民没有彻底扎根城市之前，不能着急断了他们在农村的后路，要让他们在城乡间可进可退。

三是促进公共资源均衡配置。当公共服务呈现"大城市—中等城市—小城市—镇—近郊农村—偏远农村"的阶梯式供给，乡村便成为公共服务最后到达的角落。解决这个问题，首先要加强城乡基础设施的互联，这是城乡融合坚实的骨架。应当把城镇和乡村作为有机整体统筹规划，一体推进城镇和乡村规划、建设和治理，统筹布局道路、供水、供电、信息、广播电视、防洪和垃圾污水处理等设施，明确乡村基础设施的公共产品定位和产权归属，构建事权清晰、权责一致、中央支持、省级统筹、市县负责的城乡基础设施一体化建设机制。与此同时，要瞄准"农村基本具备现代生活条件"的目标，推动城乡基本公共服务均等化，统筹城乡教育、就业、文化、医疗、社保、养老、住房、抚幼等资源，促进公共服务资源向农村覆盖、向农民倾斜。

四是提升县域支点功能。县域是以县城为中心、乡镇为纽带、农村为腹地的区域单元，它一头连着城市、一头连着乡村，是城乡融合的重要切入点。我国有 1800 多个县和县级市，覆盖 90% 的国土面积及 7 亿多人口，丰富多样的资源禀赋为县域差异化发展奠定了基础。近年来，"千亿大县"不断扩容，县域消费"多点开花"，县域旅游强势崛起，"县域"二字越来越火，正在成为经济发展的关键词。为什么人们的目光开始向县域聚焦？根本上讲，这是由当前我国产业发展和人口流动的趋势决定的。我国大中城市的产业结构正在发生转变，一些传统产业逐步向县市转移。与此同时，农村人口跨省流动逐年减少，更多农民选择到县城安家定居，县城成为承载大城市功能外溢、吸引农业转移人口就近城镇化的重要载体。因此，必须敏锐抓住这一重要窗口期，率先在县域内破除城乡二元结构。要促进县域城乡空间融合，优化完善县域城镇开发、村落分布、生态保护等空间布局，大力发展比较优势明显、带动能力强、就业容量大的县域富民产业，构建以县城为枢纽、以小城

河南鹿邑小刷子"刷"出百亿大产业

　　"世界尾毛看中国，中国尾毛看鹿邑。"河南省鹿邑县作为内陆农业县，凭借尾毛这一小产业，赢得了"中国化妆刷之城"的美誉。近年来，鹿邑持续按照"小个体、大群体，小企业、大产业"的发展思路，先后投资建设了千亩化妆刷产业园、创客小镇等多个产业创业园区。从国内市场到跨境电商，从贴牌代工到自创品牌，小小毛刷产业越做越大、越来越强，推动产业转型升级、群众在家门口就业。图为该县一家化妆刷企业的生产车间。

镇为节点的县域经济体系，做大县域经济蛋糕。

40多年前，中国以家庭联产承包责任制为制度变迁起点，按下了改革开放的启动键。40多年后的今天，则需通过乡村全面振兴的制度创新，在城乡要素双向流动中建构共生型现代化新范式，开启城乡融合发展和现代化建设新局面。这不仅是地理空间的缝合，更是文明基因的重组。当城市的创造活力与乡村的深厚底蕴相互滋养，当机械的轰鸣与稻浪的起伏奏响和声，这些都是对城乡融合发展的礼赞。

◇ 激发乡村发展内生动力

唯物辩证法深刻揭示，事物的发展，内因是根本，外因是条件，外因通过内因起作用。乡村振兴，绝非外力塑造的"盆景"，而是内在生长的"森林"。激发内生动力，正是要唤醒乡村的生长因子，聚焦自身肌体探寻发展的密码，让内部觉醒与外部支持同频共振，走出一条生生不息的现代化之路。正如习近平总书记指出的："贫困地区发展要靠内生动力，如果凭空救济出一个新村，简单改变村容村貌，内在活力不行，劳动力不能回流，没有经济上的持续来源，这个地方下一步发展还是有问题。"因而，实现从"援助输血"向"自主造血"的内源式发展，方是乡村走向现代化的原动力与核心密码。

发展产业"强动力"。产业兴则百业兴，每发展好一个产业，就能带动一方经济、造福一方百姓。当前，我国乡村产业链条短、品牌效应不强、同质化竞争严重等问题依然突出。发展产业要基于本地资源禀赋，做好"土特产"文章，突出差异化、特色化，向上下游延伸产业链。比如，福建沙县小吃以"一盅一箸"撬动全球味蕾，门店遍及 79 个国家和地区，让中华烟火气飘向世界；山东曹县汉服借"国潮"东风强势"出圈"，2024 年年产值超 120 亿元，凭"一针一线"织就文化新名片……乡村不仅是衣食之源，还拥有迷人的生态风光、深厚的文化底蕴，可以洗眼润肺、疗愈心灵，要向开发农业多种功能要潜力、挖掘乡村多元价值要效益，形成复合型产业体系。同时，发展产业不能富了老板、丢了老乡，必须建立健全联农

安徽淮北发展乡村文旅产业提升"造血"能力

安徽省淮北市积极培育特色乡村文旅产业，建设"龙脊天路"旅游风景道，完善沿线观景平台、旅游驿站、汽车营地等配套服务设施，制定旅游民宿扶持奖励办法，发展露营、越野、民宿等旅游新业态，建成南山画家村、临涣非遗村等 6 个精品主题村，打造 10 家首批市级乡村旅游"后备箱"工程基地。2025 年上半年乡村旅游接待超 530 万人次，实现收入 23 亿元，带动当地特色餐饮及农副产品销售收入增长 300% 以上，村民人均增收超 4000 元。图为该市烈山区打造的乡村旅游云端露营基地。

直播带货
促农增收

带农机制，让农民合理分享全产业链增值收益，在家门口就能"采撷果实"。

引育人才"添活力"。人气旺则事业兴，人力资本集聚是乡村内生性发展的核心动能。乡村振兴之难，在于人口结构失衡与人才生态断层的复合挑战。今天的乡村，既需要"懂土地"的守望者，让"田秀才""土专家"的智慧点亮田野；也需要"懂世界"的开拓者，让"农创客"激活产业、"带货王"链接市场。要广开"才"路，抓好招才引智，打好"乡情牌""乡愁牌"，想方设法优化农村发展条件，让有志于惠泽桑梓的人士回乡兴业，让渴望在乡村广阔天地大有作为的年轻人返乡创业，促进各路人才投身乡村振兴。须看到，农民是乡村振兴的主要参与者和受益者，是家园建设的"天然主角"，要尊重其主人翁地位和创造能力，调动农民参与家园建设的积极性。

赓续文明"铸心力"。新时代乡村振兴的过程，也是一次乡村"文化自觉"的过程，是一场对优秀乡土文化的深情"寻根"与自信"焕新"。中国历史悠远的农耕文明、乡村星罗棋布的文化遗产，是中华民族风雨兼程的历史见证，也是我们走向未来的力量源泉。繁荣乡村文化，需"内外兼修"：既要内部挖潜，发掘传统文化底蕴，加强重要农业文化遗产、传统古村落保护，推动传统农耕文化载体活化利用，让历史悠久的农耕文明在新时代展现其魅力和风采；也要外部借力，用丰富、优质的"文化食粮"滋养心灵，以文明乡风建设纠治高额彩礼、人情攀比、大操大办、薄养厚葬等问题，让乡村充满"人情味"而不背"人情债"。唯有文化之根深扎沃土，乡村的精神脊梁才能挺立，乡村才能散发出由内而外的自信光芒。

厚植绿色"蓄内力"。当物质丰裕触发逆城市化心理机制时，乡村的生态环境与文化意蕴便升华为稀缺要素。现代化越往前走、物质生活越丰富，人民群众越喜欢山清水秀的自然风光，越向往远离喧嚣的田园宁静。要吸引人，就要整治农村人居环境，推进美丽乡村建设，常态化、制度化提升村容村貌。值得注意的是，各地村庄格局风貌是历史上顺应地理、气候、人文条件延续而成的，要敬畏历史、敬畏文化、敬畏生态，留

> ### 逆城市化心理机制
>
> 逆城市化心理机制，是指由于城市人口膨胀、交通拥堵、环境污染等"城市病"的出现，城市居民对自然化生活环境的向往增强，对城市问题压力的规避需求上升，同时个人价值观和生活态度发生转变，导致人口从大城市和主要大都市区向小都市区、小城镇甚至非城市区迁移的心理驱动过程。

住乡风乡韵乡愁。牢固树立绿水青山就是金山银山的发展理念，协同推进生态保护、环境治理与价值转化，以好山好水孕育好产品、滋养文旅康养新业态，吸引人们前来居住生活和就业创业，将环境优势转化为发展优势、竞争优势。

建强组织"聚合力"。"村民富不富，关键看支部""支部强不强，要看领头羊"，基层党组织是乡村治理的"神经中枢"和内生发展的"组织引擎"。基层党组织的强弱，直接关乎政策落地"最后一公里"。因此，必须将战斗在最前沿的基层党组织，锻造成乡亲们心中信得过、靠得住、离不开的"主心骨"。当前，部分农村党组织还存在组织不健全、力量薄弱等问题，有的乡村干部能力不足、担当不够，在基层"水土不服"。要选优配强村"两委"班子，推动资源、服务、管理向基层下沉，配强乡镇涉农服务力量，用好驻村第一书记和工作队这支"生力军"，持续为乡村治理"充电赋能"。

我们要建设的乡村，不是城市的"翻版"或"依附"，而是产业活、人气旺、组织强、生态优、文化兴的希望沃土。在这片土地上，产业生机勃发，人们富足安乐，文化传承绵延，每一份对故土的眷恋与梦想，都能在此找到安放与生长的土壤。这才是破解城乡二元结构、迈向共同富裕进程中，乡村作为"关键变量"所蕴含的磅礴伟力与深远价值。

◇ 学习运用"千万工程"经验

2003 年 6 月，时任浙江省委书记的习近平同志在广泛深入调查研究的基础上，立足浙江省情农情和发展阶段特征，准确把握经济社会发展规律和趋势，从全省近 4 万个村庄中选择 1 万个左右行政村进行全面整治，把其中 1000 个左右中心村建设成全面小康示范村，作出了实施"千村示范、万村整治"工程的战略决策。

20 多年久久为功，"千万工程"如一场深刻的"乡村革命"，不仅造就了浙江万千美丽乡村、造福了万千农民群众，更被当地农民群众誉为"继实行家庭联产承包责任制后，党和政府为农民办的最受欢迎、最为受益的一件实事"。2024 年的中央一号文件将学习运用"千村示范、万村整治"工程经验写入标题；2025 年的中央一号文件继续提出推动学习运用"千万工程"经验走深走实，健全推进乡村全面振兴长效机制。

"千万工程"何以具有如此磅礴的生命力？归根结底在于

"千万工程" 托起万千美丽乡村

① 浙江省丽水市云和县石塘镇长汀村
② 江西省萍乡市上栗县金山镇黎塘村
③ 宁夏回族自治区银川市贺兰县常信乡四十里店村

它提供了一套可迁移、可复制、可迭代的乡村振兴"中国方案"。其伟大之处在于，始于但不止于人居环境整治，它由点及面、步步深入、持续升级，其变革之力穿透了人居环境整治的表层，深刻重塑了乡村的发展理念、产业结构、公共服务、治理方式以及城乡关系。它犹如一场成功的"未来乡村"预演，以浙江大地的生动实践，雄辩地回答了新时代推进乡村全面振兴"干什么、怎么干、靠谁干"等一系列重大问题，其科学性、系统性、人民性已经被历史和实践反复证明。学习运用

"千万工程"经验，就是要结合本地实际，学好用好其中的精髓要义。

学什么？重点在于领悟其治理范式的"核心基因"与"方法宝库"。浙江推进"千万工程"，经历了示范引领、整体推进、深化提升、转型升级的演进，虽因地域差异呈现丰富样态，但渗透其中的理念和方法是一以贯之的。比如，坚持以人民为中心，从农民群众期盼中找准工作的出发点和落脚点；坚持高位推动，党政"一把手"亲自抓；坚持系统观念，统筹推进城乡发展和建设；坚持因地制宜、分类施策，培育壮大乡村富民产业；深化嵌入式党建引领，筑牢基层治理枢纽；坚持一张蓝图绘到底，稳扎稳打、久久为功；等等。这些"金钥匙"既有价值高度，又有实招硬招，是推进乡村全面振兴取之不尽、用之不竭的智慧宝库。

怎么学？关键在于"循证施策"与"精准破题"。面对中国农村千差万别的地理风貌、发展阶段与文化背景，学习运用"千万工程"经验，必须警惕两种倾向：一是"刻舟求剑"式照搬，即脱离实际搞"一刀切"，忽视本土特色与阶段差异；二是"望洋兴叹"式畏难，即困于财力物力不足，未战先怯，产生"学不了"的消极心态。走出这些认识误区，需要回到基层，问计于民。"千万工程"正是源于解决群众急难愁盼的点滴实践。今天的学习和运用，同样要结合实际，深度调研，找准抓什么、明确怎么抓，因地制宜、循序渐进，集中力量办成

山西晋中学习运用"千万工程"经验建设美丽乡村

近年来，山西省晋中市把学习运用"千万工程"经验作为推进乡村全面振兴的"金钥匙"，实施"百村示范、千村治理"行动，市级落实专项资金3.8亿元、撬动社会资本72.8亿元、实施项目1634个，统筹推进垃圾、污水、改厕"三大革命"，加快城乡水电路网一体化，推动农工商融合、农文旅融合，培育"文旅+美丽乡村"新业态，整治高额彩礼、薄养厚葬等问题，培育文明乡风、良好家风、淳朴民风，推动乡村由人居环境的"表"到党建引领、产业兴旺的"里"，由乡村建设的"形"到精神文明、乡风民风的"神"的全面提升。图为该市"千万工程"精品示范村——左权县上武村。

一批可感可及、温暖人心的实事，积小步为大步，推动乡村全面振兴不断取得新成效。

乡村全面振兴是一场关乎文明根脉、牵系"国之大者"的深刻变革，也是交织着产业升级、制度创新、文化传承、生态永续的交响曲，注定需要历史耐心与战略定力。在这片充满希望的田野上，无数奋斗者正以汗水为墨、大地为卷、智慧为笔，努力描绘新时代的振兴画卷。一个不负期待的新"乡土中国"，必将带着丰收的希望与时代的荣光，在历史的地平线上巍然崛起。

4 激发全民族
文化创新创造活力
——如何看待新大众文艺的涌现？

一段时间以来，乘着数字技术的春风，一股由普通民众掀起的创作浪潮正悄然改变着中国文艺的版图。在这片全新的文艺旷野上，不同年龄、职业、地域的人们，或通过网络分享自创的散文、诗歌和小说，或用镜头定格平凡生活的市

井烟火。千千万万源自民间、形态万千的零散创作，正汇聚成一股温润而强劲的文艺新风，形成了令人瞩目、引人入胜的文艺大观。看吧，人类历史上从未有过如此规模的大众书写与创造，"人人都是创作者"的时代已然来临，新大众文艺的浪潮正以前所未有的姿态奔涌而来。立于这时代的潮头，叩问随之而来：新大众文艺究竟"新"在何处？新大众文艺勃兴于当下的深层动因何在？我们又应以何种目光迎接这"沛然莫之能御"的文艺新潮？

◇ 文艺新风扑面而来

中华文化源远流长，但文艺创作常被视为文人雅士的"专属"，对其进行欣赏和评价也需要具备一定的艺术修养与文化基础。这无形中似乎筑起了一道高墙，传统文艺被赋予了"精英化"的特征。与之相对应的，则是广大民众在日常生活中运用通俗鲜活的话语、简单易学的曲调、代代相传的故事等，自发地创作民歌、故事、戏曲、谚语、笑话等文艺作品，这便是"大众文艺"。相较而言，大众文艺由广大民众主动地、直接地、广泛地参与创作、传播与共享，其创作并不需要精深的专业训练，而是直抒胸臆地对日常生活和情感进行艺术表达；对其进行欣赏也无须高深的学问，而是依赖于日常生活经验与朴素的情感共鸣。

作为中国最古老的戏曲形式之一，秦腔被称为"黄土里长出来的声音"，是民间音乐与关中方言结合形成的一个戏曲声腔剧种，以其质朴、粗犷并富有生活气息的表演风格著称。秦腔剧目繁多、题材丰富，现存剧目3000余本。图为演员在表演节目《大美秦腔》

回望中国文艺的千年来路，我们不难发现，高雅的、由文人墨客创造的文艺长期占据主流、登大雅之堂，而通俗的、由人民大众创造的文艺时显时潜、在民间流传。五四新文化运动首次将普通百姓请进文艺殿堂，倡导白话文，高呼"到民间去"，为文艺走向大众打开了大门。但五四新文化运动主要由城市知识分子所推动，其创作与欣赏群体仍然局限于知识阶层，与普罗大众之间的隐形高墙仍未拆除。1942年召开的延安文艺座谈会是真正的转折点。"人民文艺"的理论石

《兄妹开荒》

《小二黑结婚》

《白毛女》

破天惊：文艺"不是为饱食终日的贵妇人服务"，而是"为千千万万劳动人民服务"，彻底革新了文艺的服务对象与宗旨。小二黑、喜儿、王贵、李香香等劳动大众第一次成为文艺作品的绝对主角，标志着文艺真正开始走进人民，"从此旧剧开了新生面"。改革开放后，随着文化产业的发展，文艺创作逐渐走向市场化、规模化，流行音乐、畅销小说、商业影视、网络文学、动画漫画、综艺节目等层出不穷，大众文艺迅猛发展。

进入新时代，互联网与新媒体技术的革命性力量深刻重塑了文艺的形态、观念与实践。前所未有的局面形成了：人民不仅是文艺作品的"剧中人"，同时也是"剧作者"；亿万大众通过网络文学、网上直播、在线音乐、动漫、游戏、短视频、短剧等多种方式，直接投入创作、传播与互动的第一现场；人民作为文艺表现的主体、文艺审美的鉴赏者评判者的地位空前凸显，人民大众跃升为新时代文艺的"创作者""言说者"。一场中国历史上规模空前的大众文艺创作实践正蓬勃展开，一种充分彰显人民主体性的文艺新形态已然起势、蔚为大观，这正是新时代文艺的崭新气象。

新大众文艺实现了创作主体的变革。以往，尽管文艺创作本质上来自现实社会、来自人民大众的生产生活，但最终仍由少数具有文化素养的专业人士来创作和完成，写作、绘画、舞蹈等曾是文人艺匠的职业专利。新大众文艺的兴起，标志着这一创作逻辑的根本扭转，因为它并非少数人的独辟蹊径、涓涓细流，而是数字时代广大人民群众的百川汇海、大潮奔涌。在随处可发声的互联网时代，文艺创作不再是"你唱我听、你写我读、你画我看"，作者与读者、作品与观众泾渭分明的区隔正在被打破，文艺的接受者同时也是创造者，人民大众正在以前所未有的规模和深度参与文艺生产和传播。这是一个文艺的群像时代：外卖骑手王计兵以《赶时间的人：一个外卖员的诗》刻录奔波的艰辛，"打工诗

外卖骑手王计兵30多年间写下6000余首诗歌、出版多部诗集，被网友称为"外卖诗人"

人"群体在"诗歌商店"里陈列生活的温情与棱角，无数如保姆、保安、木工、电工、烧烤摊主这样的普通劳动者，正以笔、以歌、以舞为媒，书写着属于自己的欢笑与泪水、荣耀与悲歌。他们无须"深入生活"，因为他们就是生活本身。这个时代最鲜活的、最丰沛的生活体验和生命情感，再也无须经过层层筛选与过滤，而是直接流淌成文艺的江河。这不仅是题材的下沉，更是创作权、话语权向历史的真正创造者——人民的本质性回归。

新大众文艺极大拓宽了题材选择的范围。有人说，这个世界不缺故事，缺的是发现故事的眼睛。传统文艺往往倾向于宏大叙事和深刻主题，无形中构筑了题材的等级秩序。新大众文艺则是一场广泛的文艺题材"大众化运动"，它将更多目光投向普通人的日常生活，宣告"生活皆素材，凡人即史诗"。快递路上的遭遇、厨房灶台的烟火、宿舍卧谈的嬉笑……这些过去被认为"不够艺术"的生活片段和不值一提的"小喜悦""小确幸"，如今被敏锐捕捉并赋予审美价值，成为打动人心的创作素材。文艺创作的触角延伸至社会生活的每一个角落，并且正在重塑当代文艺的题材谱系。作为一种植根于生活本身的文艺新潮，新大众文艺理解那些沉默的生活，并善于从生活褶皱中发掘出诗情画意。在这里，浸泡在生活中的每个普通人都能成为潜在的创作者，每个平凡的瞬间都可能迸发艺术的灵感。然而，这并非对文艺深度的消解，而是对生活本真价值的重新发现与确认。当文艺不再刻意追逐"高大上"，而是找寻日常生活"小而美"的诗意时，文艺的题材疆域便获得了近乎无限的拓展，因而获得了更为强大的生命力。

新大众文艺带来了文体形式的革新。传统文艺的体裁界限分明，诗歌、小说、散文、戏剧各有其章法，而新大众文艺彻底打破了这些界限，将图像、表情、声音、色彩等各种跨界文艺元素巧妙地融入作品中，形成了具有超文本、多主题、多媒体特征的全新文体形式。比如，短视频将文学叙事、影像美学与音乐节奏熔于一炉；直播互动打破了表演者与观看者的时空界限；网络文学将章回体小说与数字阅读习惯进行嫁接，创造出"无限流""快穿"等全新叙事模式。与此相伴的是一场酣畅淋漓的语言革命：网络热词、方言俚语、古典意象、流行歌词在混搭碰撞中产生了新鲜又奇妙的别样表达。在新大众文艺

"无限流""快穿"

"无限流"是现代网络文学的一种流派，肇始于科幻题材，后逐渐蔓延至玄幻、仙侠、武侠、历史等文类。"无限流"小说的最大特点就是包含无限的元素，让现实世界的人"被选中"前往由影视、游戏、漫画等文本所构筑的虚拟世界去不停冒险与轮回，并且借以探讨人性、光明与黑暗等。

"快穿"小说作为一种较为年轻的网络文学类型，由穿越时空小说演变而来，大部分故事描写的是主人公由于某种原因从其原本生活的年代离开，带着不同任务快速不停地转移到其他时空。

《我的母亲》感动万千网友

"坟头上的草青了又黄，黄了又青，就像我的念想一样，一年年，总也断不了。"最近，一位六旬农民工现场写就的命题作文《我的母亲》，让许多网友为之动容。文章没有堆砌华丽的辞藻，只有"洗得发白，补了又补的衣裳"；没有精心设计的结构，只有"一辈子就没闲过"的身影；没有花样繁多的类比，只有"她揉揉眼，又得爬起来"的白描。质朴的文字里，是一位母亲不辞辛劳的奉献，是一个儿子跨越半生的思念，也是所有人深埋心底的情感共鸣。

的领地，各种文体形式在跨界融合中不断产生新的可能，创造出令人耳目一新的表达工具和语言语法，文艺由此获得了前所未有的表达自由。

新大众文艺推动了美学评价标准的转变。在这场文艺新风中，文艺评价的权力与尺度被深刻重塑。我们看到，在这场文艺新风中，对作品作出评判的人变了。专业评论家不再是唯一的裁判，每个普通观众借助点赞、转发、弹幕等方式，获得了一定的话语权和评判权；从短视频平台的点赞量、网络文学的章节追订数、直播间的实时弹幕中，人们看到了"沉默大多数"的审美态度。我们看到，评价作品的标准变了。在圈层化、分众化日趋加速的读者和观众眼中，一部作品几无可能得到所有人的一致赞美或厌恶，传统意义上非好即坏的二元对立被打破，每个人都用独属自己的评价尺度和欣赏偏好去打量作品，"各美其美"成为新大众文艺一个鲜明的审美特征。我们看到，评价的过程也发生了质的变化。作品价值不再凝固于创作完成时，而是在用户二次创作、跨媒介改编、社会议题发酵等持续互动中不断变化，一条热门评论可能改变整部作品的解读方向，一个二次创作可能赋予原作全新的生命力。这种开放、流动的评价机制，让文艺作品始终保持着与时俱进的新鲜活力。

可见，新大众文艺之"新"不是随意贴上去的时髦标签，而是随着时代浪潮显现的新内涵新特征。民间草根、劳动大众，他们的兴观群怨之作已经走到中国文艺的潮头，亿万人的创作能量尽情奔涌，人民群众正在以前所未有的规模、能力和意愿参与文艺创造。这是一种正在生成的现象，也是新时代中国文艺的重要表征。从主体到题材，从形式到标准，新的事物正在生机勃勃地生长，新大众文艺正以前所未有的磅礴创造力形塑着当代中国文艺的崭新样态，引领人民文艺进入了一个"繁花时代"。

◇ 新大众文艺缘何兴起

新大众文艺的破土而出、拔节生长绝非偶然，不仅有其深刻复杂的历史和时代原因，还有技术、媒介、经济和社会文化心理等因素的作用。社会的巨大新变、科技的迭代升级以及人的情感抒发，共同催发了这一崭新的文艺气象。新大众文艺犹如一面多棱镜，多侧面折射出当代中国在经济基础、社会结构、文化心理等层面的深刻变化。

信息技术革命为新大众文艺的勃兴提供了物质条件。人类历史上，从"纸与笔"到"铅与火"，再从"光与电"到"数与网"，科技的每一次突破，几乎都孕育出文化发展的"春天"。例如19世纪印象派油画风靡，就是得益于化学的进步、合成颜料的增多，"没有装在锡管中的颜料，就没有塞尚、没有莫奈"。互联网和数字技术的到来，大大降低了文艺创作和欣赏的门槛。曾经让一些人觉得遥不可及的画笔、乐器、摄像机等专业设备，如今浓缩在方寸屏幕间被一手掌握。只需一部手机或一台电脑，人人都可以作为创作者坦然进入这个文艺新空间，"一个人就是一个剧组、一双手就是一支乐队"，智

青年画家正在通过 VR 进行创作

能设备的普及使得我国 11 亿多网民同时也是 11 亿多文艺创作者、欣赏者、评论者，文艺创新的主体和空间因此得到极大拓展。在文艺形式上，"文艺＋科技"产生了神奇的化学反应，催生了一大批新的文艺类型，开创了一个包容无限可能的文艺原野：利用全息投影可以看到李白"穿越"诵诗，元宇宙实现了观众和演员同台即兴创作，通过 VR 绘画能够在三维空间泼墨挥毫……此外，媒介技术的变革也推动了文艺传播效率的全方位提升，实时反馈和动态互动技术的成熟也使得文艺创作愈加契合受众的偏好。自家阳台刚刚一现的昙花可能马上就被上百万人围观点赞，在山林间制作的非遗雕漆作品一夜之间就能引来海内外上亿次的播放……新媒介技术的即时性、便捷性和放大性，成就了新大众文艺传播的铺天盖地之势。

文化素养的普遍跃升为新大众文艺的繁荣奠定了知识基础。新中国成立之初，文盲占全国总人口的 80% 以上，农村的文盲率更高达 95% 以上。经过 70 余年不懈努力，九年义务教育在今天的中国已经全面普及，新增劳动力平均受教育年限超过 14 年，接受高等教育的人口达到 2.5 亿，全体人民的思想道德素质和科学文化素养得到全面提升。这种变化使得几乎每一个人都可以借助智能设备便捷记录自己的生活，随时随心表达对生活的认知和感受，阅读、欣赏各种类型的文艺作品并发表独立的看法。从基础的文字表达到影像剪辑、从简单的音乐创作到多媒体合成，每个人都可以轻松掌握文艺创作的技能、享受文艺创作的自由。更为重要的是，知识照亮了心灵，文化点燃了自信，人们愈发敢于并善于将自身生活经验与情感世界转化为艺术表达：我的生活值得存照，我的情感值得歌唱，我的体验值得分享。与此同时，传承千年的中华优秀传统文化与当下人们的生活体验相互激荡，中华大地"郁郁乎文哉"的盛大气象在每个人心中以不同的形态显现。古朴的传统村落、惊艳的非遗表演、华美的凤冠霞帔……这些传承久远的古老文化，成为普通人创作灵感的活水源头，润物无声地沁入

① 河北西河大鼓传承人直播展示技艺

② 湖南江永女书传承人直播表演

③ "巴渝巧姐"直播带货荣昌夏布

生活的每个角落，激荡起无数人的文心与文采。于是，我们惊喜地发现，传统的文化根脉与鲜活的生命个体交织碰撞，塑造出既古老又青春、既乡土又世界的中式美学。

人民群众对文化生活的更高向往为新大众文艺的生发提供了内生动力。当衣食无忧成为生活的底色，心灵便渴望更丰盈的滋养，人们有余情也有余力去享受文艺了，开始把更多的精力和目光投向精神文化领域的探索和创造。这种从"物质生存"到"精神表达"的阶段性转变，使得新大众文艺恰如积蓄了一冬的种子破土而出。现代快节奏的社会生活给人们带来了紧张情绪与精神压力，人们比以往任何时候都更需要一方精神的栖息地、一片情感的共鸣场，新大众文艺恰恰提供了这样一个自我纾解和疗愈的港湾。通勤路上观看一段治愈人心的短视频，是片刻的放松；深夜阅读一篇引发共鸣的网络短文，是精神的远足；暇余录制一首自己写的小歌与朋友分享，是情感的释放……"悦己"不再是奢侈而是生活的刚需，情感的分享、情绪的抒发成为文艺的重要生发点。发自内心的文化渴望，使得每个人在平凡日子里寻找属于自己的诗和远方，也让这个时代的文艺创作焕发出前所未有的生机与温度。这种文化现象的背后绝非简单文化消费方式的升级，而是整个民族在实现物质积累后必然出现的精神跃升，是人们在物质丰裕后精神世界的舒展与绽放。新大众文艺的出现顺应了这一趋势，凭借自身多元的内容、形式、样态，用丰盛的文化供给精准对接不同受众多样化、多层次的需求，以更贴近生活的方式传递温情、抚慰人心，因而得以渐成风尚。

中国社会快速发展为新大众文艺的壮大开辟了广阔天地。"文变染乎世情，兴废系乎时序。"作为一种生动的、具象化的表现形式，文艺最能代表、最能体现一个时代的风貌。当代中国，江山壮丽、人民豪迈、前程远大，正经历着历史上最为广泛而深刻的社会变革，也正进行着人类历史上最为宏大而独特的实践创新。脱贫攻坚的巨大成就、中国式现代化的稳步推进、人类命运共同体的生动实践……这些前无古人的伟大创举，这

陕西农民画艺术家的年画作品《绿水青山》

些沧海桑田的史诗巨变，为文艺创作提供了取之不尽的矿藏，为正在涌现的新大众文艺提供了坚实的社会基础、强大的思想动力和广阔的发展空间，"值得写的东西太多了"。同时，社会结构的快速变动，日新月异的社会发展，带来了人们生命体验的剧烈变化：从乡村到城市，从田野到工厂，生活的轨迹在变，职业身份在变，每个人的思维方式、精神生活和情感世界也在不断激荡和扩展。置身其间的人们，真切感受到时代的巨大变迁，经历着真实的精神生活，有着独特而丰富的情感体验。可以说，我们不仅创造了举世瞩目的中国经验，也经历着独一无二的中国体验。过去的生活记忆、文化库存与现在的生活、心境发生碰撞之后产生的新体验、新想法、新感受，表达出来就是新的文艺。每个人都在时代的洪流中寻找自己的坐标，渴望留下自己的印记，期待被看见、被听见。新大众文艺正是记录时代脉动、安放个人情感、表达生命体验的文化沃土，让宏大的历史叙事有了无数具体而微、可亲可感的注脚。

党的文艺理论和文艺政策为新大众文艺的发展提供了科学指引。回望百年，中国共产党始终倡导将文艺创作深深扎根于人民群众之中。从在延安窑洞里号召"文艺为工农兵服务"，到新中国成立后的"二为"方向和"双百"方针，再到新时代旗帜鲜明地提出"以人民为中心的创作导向"，"为人民创作"的宗旨始终一脉相承，日益清晰且坚定。它强调文艺的根在人民、魂在人民，评价的最高标准也在人民；它鼓励创新创造，也守护文化传承与价值引领；它强调拥抱市场活力，也恪守社会责任；它真诚鼓励人民自由表达创作，也引领向上向善；它强调"把人民满意作为最高标准"，倡导"思想深刻、清新质朴、刚健有力"的美学追求，要求文艺"不能在市场经济大潮中迷失方向"。由此，中华优秀传统文化、革命文化、社会主义先进文化在人民文化实践中充分融合，人民文艺展现出前所未有的气象与风采，创作出一大批精品力作，塑造了一个又一个光彩夺目的人物形象，留下诸多脍炙人口的艺术经典，推动中国文艺不断迈向更加广阔的发展天地。正是在这理论之光的引领下，新大众文艺得以在时代的沃土中，既牢牢秉持正确方向，又自由舒展个性枝叶，成长为一片生机勃勃、百花争妍的文艺百花园。

新大众文艺的兴起，是技术进步拆除了藩篱，是教育普及点亮了心灯，是心灵渴求找到了出口，是时代巨变激发了表达，更是"人民至上"理念在文艺园地的生动实践，是文化主体性在新时代中国特色社会主义文化建设中的鲜明映照。归根结底，是亿万被科技赋能、被知识照亮、被时代召唤的普通人，成为这场文艺新潮最磅礴的创造力量。

◇ 从雅俗之争到雅俗共赏

在中西数千年的文艺长河中，雅俗之争如同一条若隐若现的潜流。从我国春秋时代"先王之乐"与"郑卫之音"的初

花雅之争

"花雅之争"始于清中期，主要是指"花部"诸腔对占据剧坛统领地位的"雅部"昆曲发起的挑战与冲击，延续 200 余年。经过 3 个回合的较量与争胜，"花部"诸腔以"其词质直""其音慷慨"等优势为民间所喜闻乐见，逐渐取代了昆曲在剧坛的主导地位。"花雅之争"是中国戏曲史上一次重要的艺术流派竞争与文化变迁，地方戏在竞争中不断吸收、融合，催生出京剧等新的艺术形式，推动了传统戏曲从精英艺术向大众艺术的转型。

辩、唐宋时期文人词与市井曲的并行、清代戏曲艺术的"花雅之争"、新文化运动时期文言文与白话文之辩，到西方宫廷艺术与民间歌谣的对垒、19 世纪浪漫主义与现实主义的纷争，这场关于"高"与"低"、"雅"与"俗"的争论，古今中外，从未停歇。有趣的是，在时间老人的评判之下，多少曾经被视为下里巴人的乡野小调，历经岁月淘洗，终成民族文化的瑰宝；而一些高居庙堂的阳春白雪，也可能在岁月流转中褪去光环。正如《诗经》经历了由"俗"入"雅"，最终雅俗共赏一样，"雅"与"俗"并非不可逾越的楚河汉界，而是同根同源的生命之树，其枝叶花果常随时代风雨流转互换。今天的"新大众"，未必不是明日的"新高雅"。故此，看待雅俗流变，需要一双历史的、辩证的、发展的慧眼。

新大众文艺最动人的气象之一，便是它正悄然融化"雅"与"俗"之间的坚冰，展现出雅俗共赏的蓬勃生机。农民工诗人笔下的汗滴与星光，短视频镜头里的晨昏与远方，这些从生活深处走来的创作，如同未经雕琢的璞玉一般，常在不经意间拨动生命价值与意义的琴弦，让通俗的形式与深刻的意蕴实现水乳交融。当然，这趟破冰之旅并非坦途，质疑之声随之而来：通俗是否会滑向庸俗？网络创作有无失之浅薄？商业洪流是否会将文艺作品异化为消费符号？算法编织的"审美茧房"会否禁锢审美？尤为特殊的是，新大众文艺以其光速传播和亿万级参与，将这场古老的雅俗之辩推向了前所未有的广度和深度，其激烈程度诚如学者所叹言，"远超古典社会"。

这些纷争，恰似一面多棱镜，折射出文艺评价的复杂光谱。其一，心有别裁，花入各眼。审美本是一场心灵的私语，每个人拥有不同的际遇阅历、情感遭遇，各异的生命底色自然孕育出千差万别的审美趣味和评判标尺，所谓"少年听雨歌楼上""壮年听雨客舟中""而今听雨僧庐下"。同一部电影，有人奉为经典，有人弃如敝屣；同一首歌曲，少年听出迷茫，中年品出沧桑；同一部网络小说，有人追捧"爽感"，有人批评"浅薄"。其二，海量之下，难免泥沙。新大众文艺的汪洋大海，令人惊艳的浪花有之，粗粝的砂石也有之。比如，在创作者数千万、作品浩如烟海的网络文学花园里，"草多花少"是客观事实，抄袭模仿、"快餐化"现象确实存在，有"高原"、缺"高峰"的短板摆在面前。其三，雅俗流变，其道如川。文化现象不同于自然科学，不能用非黑即白的科学公式来划定界限，恰如王国维所言，"雅俗古今之分，不

我国网络文学蓬勃发展

截至 2024 年年底，我国网络文学有 3000 余万人的创作者阵容、4000 余万部的作品数量、5 亿多人的用户规模，阅读市场规模达到 430.6 亿元。第十七届精神文明建设"五个一工程"首次将"网络文艺"纳入"优秀作品奖"评选，81 部优秀网络文学作品入藏中国国家版本馆，10 部中国网络文学作品入藏大英图书馆……网络文学主流化、精品化乃至经典化的进程正

网络文艺（10部）

《武三区的春夏秋冬》	浙江省委宣传部、河南省委宣传部
《岭江赞歌》（第1部）	江苏省委宣传部
《我们生活在南京》	江西省委宣传部
《滚烫的李节》	福建省委宣传部
《我的阿勒泰》	北京市委宣传部、新疆维吾尔自治区党委宣传部、浙江省委宣传部
《特级英雄黄继光》	广电总局
《浴南无名·奔袭》	广东省委宣传部
《我们的青谐》	贵州省委宣传部
《中国奇谭》	上海市委宣传部
《声生不息·宝岛季》	广电总局、湖南省委宣传部

不断加速。图为第十七届精神文明建设"五个一工程"10 部获奖优秀网络文艺作品。

过时代之差，其间固无界限也"。昨日之"俗"，可为今日之"雅"；今日之"新"，或为明日之"常"。种种因素交织，让雅俗之辩超越了单纯的美学讨论，成为观察时代文化变迁的独特窗口。

对新大众文艺而言，雅俗共赏不仅是其基本面貌，更是其行稳致远的发展方向。历史长廊中，那些穿透时光、熠熠生辉的经典作品，无一不是雅俗共赏的典范。它们有力证明，唯有将深邃的思想之美，注入动人的形式之美，作品才能拥有不朽的生命力。新大众文艺的成长壮大，呼唤包容万象的胸襟：既要有阳春白雪的高雅，也要有下里巴人的鲜活；既要有顶天立地的家国情怀，也要有真切细腻的个人情感；既要有思想艺术

的"筋骨"，也要有贴近生命的"温度"。不拘一格、不形一态、不定一尊，方能百花竞放。那么，如何才能抵达雅俗共赏的融通之境？路径就在于做到四个"共"。

"共情"为魂。"凡作传世之文者，必先有可以传世之心。"艺术的魅力，在于直抵人心、触及灵魂，让人们发现自然之美、生活之美、心灵之美，从而引发情感的共鸣、内心的共振。矿工诗人陈年喜"用爆破找寻生活入口，用诗歌找寻人生出口"，菜场作家陈慧在散文集《在菜场，在人间》里记录人情冷暖，李子柒的非遗短视频风靡全球……这些无不证明：看似随性的、个性化的生活体验，因其真实质朴、触碰人们内心柔软之处，便可以超越职业、年龄、地域等种种差异，引发极为广泛的社会共鸣，雅俗的藩篱也将在这种共情中得到消解。这也启示我们，要创作出脍炙人口的佳作，就必须提高阅读生活的能力，用心观察世间百态和人情冷暖，用情感受普通人的喜怒哀乐，从平凡中发现伟大，从质朴中发现崇高，真正把心、情、思沉到生活之中。

"共创"为桥。雅俗共赏，既不是"小圈子"的曲高和寡、喃喃自语，亦非众声喧哗、浅薄狂欢，而是需要专业深度与大众活力的良性互动。为此，一方面，要积极搭建桥梁，让更多来自民间的"草根"创作者获得专业性的滋养与提升，也要让接受过专业训练的创作者深入基层、汲取养分，培育新时代的文艺大师。另一方面，要尊重和激发人民群众的文化创造力，鼓励多元表达、直抒胸臆，在思绪碰撞中激发灵感、提升品质。唯有形成"专业引领大众、大众滋养专业"的创作生态，新大众文艺的天空才能群星灿烂，新时代的大师巨匠才能如泉奔涌。

"共融"为道。文艺创作是观念和手段结合、内容和形式融合的深度创新，是各种艺术要素和技术要素的集成，是胸怀和创意的对接，正所谓"理辩则气直，气直则辞盛，辞盛则文工"。思想性是文艺作品的灵魂和元气所在，观赏性则是其得以流传千里的保障，除了通俗平易之形，文艺还要有载道传道之能。如果说思想性是灵魂，那艺术性就是翅膀，两者相辅相成、互相成就。如今，科技革新带来炫目的表达手段，但艺术的丰盈归根结底在于思想的深度。真正的经典作品，往往蕴藏着对人性的深刻洞察、对社会的真切关怀和对生命的虔诚叩问。新大众文艺要行之久远，就必须

国家广播电视总局评选公布的优秀网络视听作品部分海报集

103

《我在北京送快递》

《我在北京送快递》

胡安焉 著

《我在北京送快递》是胡安焉创作的一本非虚构作品集。作者以亲身经历的快递员生涯为切入点，记录其近 10 年间从事的 19 份职业经历，通过朴实的文字展现都市打工人的社会观察与自我审视。该书出版后连续占据豆瓣新书热榜第一，印刷超过 12 万册，高居豆瓣 2023 年度读书榜单"年度图书"榜首。

在通俗平易与精神高度之间找到精妙的平衡点，既善用新技术、新形式，更要严把内容关、深挖思想矿，使作品既有鲜活灵动之"形"，更有载道传道之"魂"，让深刻的思想因生动的表达而魅力四射，让生动的形式因思想的深度而意蕴悠长，努力实现思想精深、艺术精湛、制作精良的统一。

"共评"为鉴。文艺批评是文艺创作的一面镜子、一剂良药，是引导创作、多出精品、提高审美、引领风尚的重要力量。在传统文艺中，专业评论家对文艺作品的看法是重要的评判标签，而在新大众文艺的评价体系中，读者认不认可、网民买不买账，皆为重要尺度。在市场经济的大潮中，文艺创作在其艺术价值之上还被赋予了商品属性，许多文化产品通过市场实现价值和增值。新大众文艺扬帆远航离不开市场的托举，但市场既非文艺的主宰亦非其奴仆，若唯流量是从，像某些微短剧一样靠猎奇情节博眼球，终将昙花一现、迅速湮灭。优秀作品应追求社会效益和经济效益的双赢，经得起人民口碑、专家眼光、市场检验的三重考验，既叫好又叫座。要建立开放、包容、专业的评价体系，既倾听大众的掌声，也珍视同行的灼见，在坚守审美理想、保持文艺独立价值的同时，合理设置反映市场接受程度的发行量、收视率、点击率、票房收入等量化指标，通过良性的评价机制为文艺创作建真言、开良方，让文艺的百花园永远为人民绽放。

"诗文随世运，无日不趋新。"从《诗经》的"十五国风"到宋词的市井俗唱，从元曲的勾栏瓦舍到明清小说的街巷流传，中华文艺的江河因不辞细流而成其深，因与时偕行而气象万千。登高使人心旷，临流使人意远。立于时代的船头，观新大众文艺的浪潮奔涌不息，远近皆是希望的海洋。在这片波澜壮阔的蓝天碧海，我们民族的文化创新创造活力必将如春潮般涌流，一轮属于人民大众的文艺新时代的旭日正在冉冉东升。

5 续写社会长期稳定的奇迹

——如何不断推进社会治理创新？

现代化理论中有一个著名的"亨廷顿悖论"——现代性孕育着稳定，而现代化的过程却易滋生动乱。简而言之，就是经济快速发展与社会长期稳定很难两全，特别是对发展中国家来说，"不是所有的好事情都会一起到来"。从现象上看，这一"悖论"确也反映了许多国家现代化过程中面临的两难。确实，并不是只

要发展了，自然就会有秩序。相反，发展与秩序是对立统一的，即发展需要秩序，但也会打破秩序，而打破秩序，搞不好就会影响社会稳定，反过来又制约发展。纵观各国治理实践，如果社会治理跟不上经济发展步伐，各种社会矛盾和问题得不到有效解决，不仅经济发展难以为继，整个社会也可能陷入动荡。中国改革开放 40 余载，其非凡之处在于实现了发展与稳定的动态平衡，创造了经济快速发展和社会长期稳定两大奇迹，这在人类社会发展史和世界现代化进程中都极为罕见。同时，也要清醒认识到，随着新型工业化、新型城镇化和乡村全面振兴向纵深推进，中国社会正经历着前所未有的剧变，新的社会群体、新的利益诉求、新的生活方式、新的技术手段不断产生，社会治理面临许多新情况新挑战。如何与时俱进、持续创新社会治理的理念与实践，确保国家长治久安、社会充满活力，这是摆在我们面前一个重大而现实的课题。

◇ 我国社会群体的深刻变化

我们常说人以群分，社会也是如此。依据职业、收入、年龄甚至兴趣爱好等，可以将人们划分成不同群体，个体与群体之间、群体与群体之间的关系及演化就形成了社会关系，构成了社会运行的基本图景。改革开放以来，伴随经济体制深刻变革、利益格局深刻调整、思想观念深刻变化，尤其是近年来在信息化、数字化的强力催化下，中国社会群体正经历深度裂变与重组，群体分化更细，关系网络更繁复。精准把握这一嬗变与当前中国社会群体结构的总体状况，是加强和创新社会治理的逻辑起点。从社会治理角度来说，有以下 6 个方面值得特别注意。

一是劳动关系快速多样化，新就业群体蓬勃生长。基于生产力和生产关系而形成的职业结构和劳动关系，是社会群体之间的基本关系。改革开放前，我国社会长期保持"两阶级一阶层"，即基本由工人阶级、农民阶级和知识分子阶层三大群体构成的总体格局。随着改革开放不断深入，这一格局被逐步突破，形成了更多元、更多层的社会群体格局。其一，城乡边界日益弱化，农民身份逐渐模糊，从事农业生产的传统农民比例快速下降，大量农村人口通过迁移、就业、创业等方式进入城市，形成庞大的"新市民"群体，具有农村户籍、从事非农职业的进城务工人员逐渐成为农民工的主体。其二，产业结构转型升级，工人队伍构成趋于多元化，传统制造业工人不再是唯一主体，服务业从业者、依托平台经济的新型劳动者等多元主体加入工人队伍。其三，数字经济等新兴产业的快速发展，催生了大量新就业形态的从业人员，同时也显著降低了经营门槛，促进了个体经营者和新就业群体数量激增。其四，伴随非公有制经济的发展，新的社会阶层人士数量不断增加。这部分群体主要由私营企业、外资企业的管理人员和技术人员及

数字经济

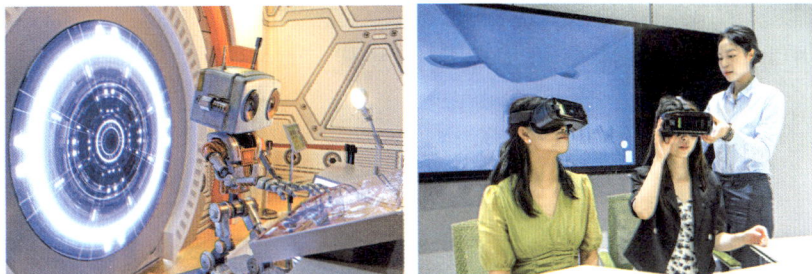

　　数字经济是以数据为核心生产要素，借助大数据、云计算、人工智能等新兴技术，通过对数据的识别、过滤、存储与使用，实现资源优化配置与再生、推动产业智能化的新型经济形态。据统计，2024 年我国数字经济核心产业增加值已占 GDP 的 10%，2025 年一季度全国新设"四新（新技术、新产业、新业态、新模式）"经济民营企业 83.6 万户，占同期新设民营企业总量逾四成。左图为航天卡通角色人工智能机器人星启 8 号；右图为参观者在体验 VR 穿戴设备。

中介组织从业人员、自由职业人员等组成，集中分布在新经济组织、新社会组织和新就业群体中，已成为社会建设的重要力量。

　　二是人口结构加速老龄化，老龄群体占比节节攀高。人口结构是影响社会群体结构的基本变量，是社会治理必须面对的基本国情。长期以来，我国劳动年龄人口占比较大、抚养率较低，为经济增长贡献了巨大的"人口红利"。20 世纪 70 年代后我国生育率总体持续走低，2022 年起人口总量进入负增长通道。在低生育水平与预期寿命延长的双重作用下，人口老龄化进程显著加速。截至 2024 年年末，中国 60 岁及以上人口超

3.1亿，占总人口的22%，京沪等大城市的户籍老龄人口占比更是突破30%。这带来了人力资源结构性矛盾突出、社会赡养负担加重、养老服务需求激增以及代际关系重构等一系列深层挑战。

三是收入结构日益呈现橄榄型，中等收入群体不断壮大。中等收入群体是社会重要的"稳定器"。新时代以来，通过新增就业机会、加大扶贫力度、优化收入分配、完善社会保障等综合施策，我国中等收入群体已超过4亿人，规模实现历史性跨越，是目前全球最大且最具成长性的中等收入群体，成为经济高质量发展的重要支撑和社会稳定的坚实基础。值得注意的是，一方面，当前我国中等收入群体基础尚不厚实，抗风险能力较弱，在快速变动的社会环境中更容易产生焦虑与相对剥夺感；另一方面，他们具备较强的市场参与能力和创新能力，在社会治理、公共服务、舆论引导等领域发挥着重要作用。

四是居住格局加速城镇化，城市居民群体规模持续扩大。改革开放以来，我国经历了世界历史上规模最大、速度最快的城镇化进程。1978年，全国常住人口城镇化率仅为17.92%，城镇常住人口约1.7亿；至2024年年末，城镇化率跃升至67%，城镇常住人口达9.4亿，形成了全球最大的市民群体。城市数量从193个增至694个，其中城区常住人口超1000万的超大城市达10个，500万至1000万的特大城市12个。迅速发展的城镇化在提升人民生活品质、促进公共服务均等化等方面发挥了重要作用。但从"乡土中国"进入"城市中国",也带来了城市病加剧,以及农村人口和人才流失、部分乡村"空心化"等一系列治理难题。

五是生活场景加速数字化,网民群体高度活跃。中国

广东省深圳市为新市民设置的文明素养宣传角

互联网经过短短 30 多年的迅猛发展,已深度融入当今中国社会,广泛覆盖从青少年到老年、从城市到乡村的各类人群,深刻重塑人们的生产生活和思想观念。截至 2025 年 6 月,中国互联网普及率提升至 79.7%,网民规模达 11.23 亿人,人均每周上网时长 30.6 小时。微信、短视频、电商、直播带货等新的媒体形态和生产生活形态不断涌现,在增强社会活力的同时也伴生着网络失序、信息滥用、舆论极化等一系列治理难题。网络空间已成为与现实深度交织的社会场景,冲击传统社会治理体系,成为关系社会治理成败的关键阵地。

六是社会交往高度整体化,叠加互联网和人工智能等新技术应用,更容易牵一发而动全身。前述 5 个方面从静态的、要素的角度剖析了社会群体结构的深刻变化,同样值得注意

的是这些要素之间的关联方式。改革开放前，社会体系呈现"蜂窝状"的封闭结构，群体间流动性低、联结较弱。改革开放打破了地域与组织的界限，特别是互联网的普及，彻底改变了人们的交往方式。如今，人与人的联结空前紧密，结构高度复杂，整体性、联动性前所未有。与此同时，人际关系却趋于浅表化、碎片化，人与人总是"萍水相逢"却又"唇齿相依"、"息息相关"却难以"心心相印"。同时，在移动互联网时代，个体很容易被算法推荐包围，久而久之就会陷入"信息茧房"，加剧观点同质化和认知隔阂。当碎片化的信息和同质化的观点在"回音室"里不断强化，加之社会矛盾触点多、燃点低、爆点多，很容易发生链式反应，形成系统性风险。

信息茧房

"信息茧房"是指个体在数字化信息环境中，因算法推荐机制和自身兴趣偏好，长期接触与既有观点相似或一致的信息，从而逐渐形成封闭的认知结构，排斥多元视角与异质观点，局限于蚕茧一般的"茧房"。在社交媒体和智能推荐系统的推动下，个体获取信息的路径趋于单一，内容呈现高度同质化。这种现象不仅削弱了公众的独立思考能力，也可能导致认知偏差、群体极化，甚至影响社会共识的形成。

◇ 社会治理的思路之变

任何一种社会治理模式都内生于其所处的社会结构。伴随改革开放和社会主义市场经济深入推进，我国社会利益关系日趋复杂、社会群体结构进一步分化，人们的生产生活、思维方式、交往方式深刻改变，社会观念、社会心理、社会行为深刻变化，曾经相对单一、相对固定的社会，已然演变为高度流动、复杂精密的巨型共同体。在此背景下，我们党将社会治理现代化摆在了治国理政前所未有的位置。党的十八届三中全会首次提出"社会治理"，随后党中央提出一系列关于社会治理的新理念新思想新战略，推动从"社会管理"到"社会治理"的历史性转变。

"社会治理"与"社会管理"虽一字之差，却蕴含着理念、主体、方式、路径等方面的根本性变革，其核心要义在于系统治理、依法治理、综合治理、源头治理。新时代我国社会治理理念与实践的转变彰显出以下几个方面的鲜明特征。

——更加注重系统思维。改革开放前，社会成员的需求和利益没有那么复杂，社会矛盾也较为简单。当时，由政府作为单一主体进行"大包大揽"式的社会管理，不仅是可能的，甚至在特定时期是高效的。然而，改革开放深刻重塑了社会结构，社会关系日趋多样复杂。在这种全新的社会形态下，任何一个社会问题背后都牵动着不同群体的复杂利益，任何一个治理决策都可能在不同领域引发连锁反应，往往牵一隅而动全局。如果再用过去那种单一的、自上而下的管理思维来应对如此复杂的社会关系，那效果必然大打折扣，稍有不慎便会陷入"按下葫芦起了瓢"的治理窘境。治理模式从过去的"一元"转向"多元"，治理思维从"管好个体"转向"调和系统"，这正是社会结构变迁对治理能力提出的必然要求。因此，新时代的社会治理注重全面增强系统性、整体性和协同性，坚持在党的领导下，构建政府、社会组织、市场主体、公民个人等多元主体协同共治的格局，综合运用自治、法治、德治、智治等多种手段，贯通事前预警、事中处置、事后修复的全周期链条，以寻求资源配置与治理效能的最优解。比如，为破解超大城市治理和基层治理难题，北京市推出了"街乡吹哨、部门报到"响应机制，正是这种系统思维在实践中的生动体现。

——更加注重以人民为中心。以经济体制改革驱动高质量发展是我们党治国理政的重要经验，但一度出现的"GDP至上"倾向，偏离了发展的终极目的。社会治理理念的根本性跃升，在于确立了以人民为中心的发展思想，旗帜鲜明地宣示：社会治理现代化的立场与宗旨，就是实现好、维护好、发展好最广大人民根本利益。在实践中，这一理念不断转化为社会治理的具体措施与显著成效。比如，坚持从人民群众最关心最直接最现实的利益问题入手，把保障和改善民生作为头等大事，在幼有所育、学有所教、劳有所得、病有所医、老有所养、住有所居、弱有所扶上持续发力，建成了世界上覆盖人口最多的社会保障体系，切实增强了人民群众的获得感幸福感安全感，使我们的社会经受住各方面风险挑战考验而坚韧向上。

社会治理的根本方向，就是要打造共建共治共享的社会治理新格局。英国哲学家休谟曾提出，只有当公众形成"共同利益感觉"时，针对这个问题的道德准则才会被普遍自觉地遵守。当人民群众在共建中体会到主人翁感、在共治中体会到责任感、在共享中体会到获得感时，一个稳固的社会治理共同体才能真正凝聚起来。近年来，"民主恳谈会""参与式预

北京市通州区马驹桥镇香雪兰溪社区召开近邻客厅议事会议，与居民代表、物业代表、律师代表共同就小区管理问题开展协商议事

算""小院议事厅""坝坝会"等基层治理形式的不断涌现，都是群众参与社会治理的生动体现。

——更加注重处理好活力与秩序的关系。如何处理好活力与秩序的关系不是中国社会的独有问题，而是任何一个社会都会面对的普遍问题。从世界现代化进程看，经济发展和教育普及会极大激发社会活力，引发人们社会参与的爆炸式增长。但是如果一个国家吸纳和组织这种"秩序"的能力跟不上社会动员的速度，就会导致社会动荡和冲突。因此，有学者将活力与秩序的关系描绘成一场"赛跑"，秩序的供给必须跑过活力的需求，否则社会就会"翻车"。我国的社会管理和治理，也在不断寻求活力与秩序之间的平衡点。新中国成立后，为快速建立新的社会秩序、满足经济和社会建设需要，我们通过单位制、人民公社制、户籍制等将社会高效组织起来，但也影响了社会的流动和活力。改革开放后，社会活力被极大释放，越来越多的人由"单位人"变成"社会人"，大规模农村人口流动到城市，如何在保持活力的同时维护好社会秩序的问题随之凸显。

然而有一段时间，人们对活力与秩序、发展与稳定之间的张力和辩证关系缺乏清晰认识，以为一些矛盾和问题仅是由经济发展水平低、老百姓收入少造成的，等经济发展水平提高了、老百姓生活好起来了，社会矛盾和问题就会减少。进入新时代，我们党更为清醒地看待这个问题，认识到"不发展有不发展的问题，发展起来有发展起来的问题，而发展起来后出现的问题并不比发展起来前少，甚至更多更复杂了"，"社会治理是一门科学，管得太死，一潭死水不行；管得太松，波涛汹涌也不行。要讲究辩证法，处理好活力和秩序的关系，全面看待社会稳定形势，准确把握维护社会稳定工作"。在新的治理理念指引下，我们推出一大批力度空前、影响深远的改革举措，破除阻碍社会因子自由流动的体制机制障碍，同时通过法治等多种方式引导社会力量、平衡社会利益、调节社会关系、规范社会行为，确保社会既充满活力又和谐有序。

——更加注重社会心态的引导与培育。人的行为总是受动机牵引，良好的社会心态是社会活力和秩序的重要基础。费孝

天津宁河金华路社区打造"解铃小院"为民解忧

天津市宁河区芦台街道金华路社区是以平房区为主的老旧社区。近年来，为及时解决社区居民生活问题，该社区将居委会闲置用地改造为联络群众的基层综合治理阵地——"解铃小院"。依托社区基层工作人员、老党员、民警、基层普法人员等，"解铃小院"为居民提供邻里矛盾纠纷疏解、法律咨询、心理疏导等服务，将普法宣传与矛盾纠纷化解相结合，让基层问题化解在"小院"，营造和谐社区氛围。图为社区调解员解答居民问题。

通先生晚年时提出，当今世界亟待解决的重大问题就是建立新的秩序，这个秩序不仅需要一个能够保障人类继续生存下去的公正的生态格局，而且需要一个所有人都能够"遂生乐业、发扬人生价值的心态秩序"。社会心态是个人的心理经过互动、汇聚、积淀而形成的一种集体心理，蕴含着强大的集体行动潜能。这样一种心理，平时"同而不约"，在空间上、节奏上和人群上表现较为分散，因此不动声色、难以觉察。但是，一有风吹草动，往往"不约而同"、集中爆发，形成强烈的情感共鸣、亢奋的行动呼应，如果预警不足、疏导不力，极易引发严重社会事件。

理解当下的社会心态，就需要理解"压缩性现代化"这个关键。它的本质，是把不同历史阶段的社会矛盾与问题，进行了一次"压缩叠加"。西方社会用数百年时间，依次应对工业化、城市化、信息化的冲击，每一代人有相对充裕的时间去适应一种变化。而在我们国家，则是在一代人的时间里，同时面临从农业社会向工业社会、信息社会甚至智能社会的多重转型。这意味着，许多人的内心既要承受离开乡土的失落，又要承担市场竞争的焦虑，还要面对数字时代的迷茫，可能会出现对过去充满失落感、对当前缺乏获得感、对未来充满无力感等心理感受。引导和培育社会心态，已不再是可有可无的"软任务"，而是关系社会活力与秩序的硬核议题。因此，在新时代社会治理实践中，我们注重加强社会心理服务体系建设，主动引导社会认知和预期，着力平抑相对剥夺感、焦虑、恐慌等不良社会情绪，努力消弭社会戾气，积极培育自尊自信、理性平和、积极向上的社会心态，为社会治理现代化筑牢坚实的心理根基。

◇ 夯实基层治理这个根本

作为社会治理体系的毛细血管和神经末梢，基层既是产生社会矛盾的"源头"，同时也是疏导各种矛盾的"茬口"。基础不牢，地动山摇。"枫桥经验"启示我们，要加强城乡基层精细化管理，把社会矛盾化解在基层、消除在萌芽状态。夯实基

"枫桥经验"历久弥新

"枫桥经验"源于 20 世纪 60 年代浙江省诸暨市枫桥镇干部群众化解矛盾的实践，其核心是"发动和依靠群众，坚持矛盾不上交，就地解决，实现捕人少、治安好"。毛泽东同志曾批示"要各地仿效，经过试点，推广去做"。新时代"枫桥经验"更加注重党建引领、法治保障和科技支撑，并被写入《中国共产党农村基层组织工作条例》，为提升治理效能、维护社会稳定提供宝贵经验，生动诠释了依靠人民群众解决人民内部矛盾的成功之道。图为诸暨市红枫义警工作人员在调解群众纠纷。

层治理这个根本，关键是要在千头万绪中下好"绣花功夫"，真正使千家万户切身感受到党和政府的温暖。

突出党建引领，不断筑牢基层治理的主心骨。社会转型期往往利益多元、思想活跃，凝聚共识尤为不易。基层社会治理的主体包括基层党组织、基层政权组织、群团组织、经济组织、公民个体等，面临的问题涉及经济纠纷、家庭矛盾、邻里关系等多方面，亟须坚强有力的核心统筹协调。基层党组织的战斗堡垒作用，正是破解这一难题的关键，其政治优势、组织优势、密切联系群众的优势，能够统一思想、协调行动、动员资源、整合力量。在实际工作中需要双管齐下：一方面要持续强化政治功能和组织功能，整顿软弱涣散组织，选优配强社区（村）党组织书记这一"领头雁"；另一方面要完善机制，健全党组织领导的自治、法治、德治、智治的融合机制，搭建党、政、企、社、民协同平台，将制度优势转化为基层治理效能。

坚持民生为大，实现服务民生与凝聚民心的共生循环。基层治理本质上是人心工程。作为民情民意的"晴雨表"和"放大器"，基层治理的成效直接关系民心向背：做得好则倍聚人心，做不好则倍失人心。当前，人民对美好生活的向往总体上已经从"有没有"转向"好不好"，民忧民怨大多已非单纯的物质短缺问题，更多体现为心理感受问题。"乐民之乐者，民亦乐其乐；忧民之忧者，民亦忧其忧。"基层治理的关键在于

"共情"与"有感",这就需要摒弃"见物不见人"的误区,避免让群众有"获得"却"无感"。要敏锐感知群众的喜怒哀乐、心头冷暖,聚焦群众最关心最直接最现实的利益问题,紧盯最需要关爱的群体,从群众最满意处着手、最不满意处改进,时刻思考如何让群众生活和办事更方便一些、感觉更安全幸福一些,将党和政府的关怀送到群众身边、抵达群众心坎。

优化社区功能,激活社区治理"微单元"。社区是人们安排自己生产生活的小环境小生态,既有相对明确的地理边界,又有日常交往的社会活动,可以把宏大的、抽象的社会治理具体地、确定地落到群众身边,让社会治理有感可及。从这个意义上说,社区治理就是社会治理的根,成千上万相互交织的社

湖北武汉百步亭社区打造社区"大治理"格局

湖北省武汉市江岸区百步亭社区是全国首个不设街道办事处的大型居住社区,先后获得"全国先进基层党组织""全国文明社区""全国和谐示范社区""全国最美志愿服务社区"等荣誉称号。百步亭社区坚持党建引领、整合社区资源,建立物业公司、居委会、业委会"三方联动"机制,动员辖区共驻共建单位、下沉党员干部、社会组织、物业企业、群团组织、志愿者等多方力量参与社区治理,形成志愿服务文化队、居民议事会、调解工作室等平台和载体,有效激活了社会治理的神经末梢。图为百步亭社区举行三方联动联席会讨论居委会管理工作。

区构成了社会治理的根系。加强社区治理，就要从人们最鲜活、最可感的身边事出发，从最具体、最琐碎的工作抓起，着力通堵点、疏痛点、消盲点，真正解决好同老百姓生活息息相关的问题，将枝枝蔓蔓、牵牵绊绊、磕磕碰碰的"生活现场"变成有方向、有力量、有温度的"治理主场"。同时，要大力激发群众参与社区治理的热情和责任感，推动人们在共建共治共享中增进对邻里、社区以及社会的真切了解和认识，从而培育积极、理性、平和的心态。

注重以文化人，善以文化之力沁润心灵、消弭分歧。文化具有养人心志、育人情操的重要作用，历来被视为一种柔性的社会治理方式。孔子所言"道之以德，齐之以礼，有耻且格"，深刻揭示了道德教化对社会秩序的功用。在基层社会治理中，社区等基层单元既是地理共同体和行政共同体，也是交往共同体和心灵共同体；不仅是物理意义上的家园，而且是精神意义上的家园。通过构建基层文化空间、举办文化活动等方式，可以发挥文化在基层治理中"黏合剂"的作用，增进群众交往交流交融，拉近居民间的心理距离，形成"邻里一家亲"的认同感、归属感，化外在规范为内在自觉。要挖掘利用好中华优秀传统文化，激活蕴含其中的修身立世、崇德向善、见贤思齐等优秀因子，打造当地群众认可的共同文化记忆，制定符合时代精神的新乡规民约、村规家训，开展道德模范、最美家庭、好人好事评选活动，更好地促进乡风文明、社风淳化。

安徽桐城六尺巷以古鉴今、以让促和

位于安徽省桐城市的六尺巷，是清代大学士张英以"让他三尺又何妨"化解邻里宅基地纠纷、促成双方各退三尺形成的礼让之巷。近年来，桐城依托"六尺巷"文化传统，在辖区设300余个六尺巷调解室，以典故彩绘、诗词营造谦和氛围，引导群众互谅互让，形成以"听、辨、劝、借、让、和"六步调解为核心的六尺巷工作法。该方法被写入2025年最高人民法院工作报告，成为中华优秀传统文化与社会治理融合的生动典范。图为该市基层干部运用六尺巷工作法调解矛盾。

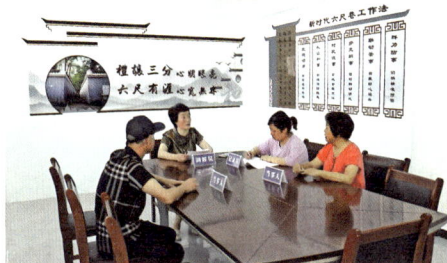

◇ 凝聚和服务新就业群体

现代化的推进使得人们不断摆脱血缘、地缘等原生纽带的束缚，在地理上可流动，在接触上有自由，现代意义上的社会开始真正形成，并在循环往复、迭代递进中更加丰富和多元。在这一过程中，新兴的社会群体往往最先感知时代的脉动，也最容易游离于传统治理体系的边缘，成为社会共同体建设中亟待加固的环节。

随着科技和经济社会的发展，我国出现了一个规模庞大且还在持续增长的新就业群体。新就业群体之为"新"，就在于他们的劳动更多的是基于互联网平台，而不是具体的劳动组织。相对于组织化就业，平台化就业的一个基本特征，就是人们的劳动不再像以前那么依赖先期确定、长期稳定的工作条件、工作场所和工作模式，而是可以通过网络平台随时收发工作信息、双向选择工作任务、按照约定获取劳动报酬。这种劳动关系是在即时交往、即时交流、即时交易中形成的，导致工作关系更松散、工作地点更分散、工作行踪更飘忽。据统计，截至 2025 年 1 月，全国新就业群体总量已达 8400 万人，占职工总数的 21%，覆盖生产生活各领域各层次，其中包括网约配送员约 1200 万人、快递员约 320 万人、网约车司机 700 余万人、长途货运司机 1400 余万人。如此大规模且具有特殊性的社会群体，正深刻拓展着社会治理的边界与内涵。

一段时间以来，有关新就业群体的工作强度、保障缺失、心理压力等问题频频引发社会热议，也折射出新就业形态背后的政策挑战和治理难题。新就业形态在提升经济活力的同时，也带来劳动关系难以认定、权益保障不足、算法控制异化等问题，不仅影响劳动者的安全、健康和福利，而且会影响公共安全和社会稳定。比如，新就业群体工作弹性大，大多没有固定工作单位，主要依靠线上接单；劳动强度高，常年穿行在路上、工作在"云"端，"四季无休、三餐不定"；流动变化快，平均工作周期不超过 2 年，经常跨平台、跨行业、跨地域工作和生活，有的还身兼数职、交叉从业。因此，新就业群体期盼安全的职业环境、合理的利益分配、可靠的社会保障和有效的社会融入。

　　新就业群体是新兴、新型的"社会面"，也是社会治理必须尽快触达、尽快覆盖的领域。习近平总书记指出："我们的社会群体正在细化分化，对这些年出现的快递小哥、网约车司机、电商从业人员等，在管理服务上要跟上，填补好这个空白。要既有管理，又有服务。"必须着眼凝聚和服务新就业群体，通过政府、社会、企业的多方发力，不断提升管理的精度、服务的温度，让新就业群体被看见、被认可、被关爱，真切感受到社会的温情和善意。

江西新余服务新就业群体筑起暖"新"港湾

　　江西省新余市着力构建全方位、可持续的服务体系，针对全市 2.4 万余名快递员、外卖骑手、网约车司机等群体，构建"服务 + 治理 + 发展"三位一体支持网络，升级改造全市 40 个暖"新"驿站，为新就业群体提供饮水、纳凉、热饭等服务，累计接待户外劳动者和新就业群体 1.1 万余人次。聚焦新就业群体反映的进门难、停车难、休息难等急难愁盼问题，探索发放"愉快骑"小区通行证。建立保险、行车办证等诉求直通机制，协调解决 200 余项问题，为 1600 名工会会员免费投保大病意外险。通过设置党员责任区、组建 25 支志愿服务队，引导 600 余名新就业群体人员参与安全隐患随手拍等基层治理事项。图为该市举办百日千万招聘专项行动为新就业群体服务。

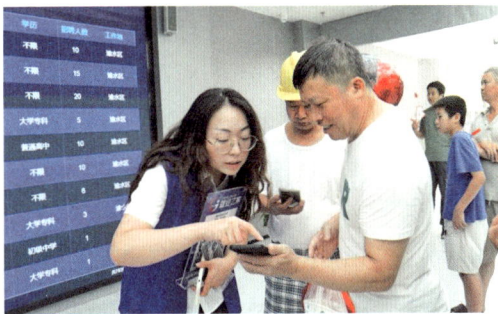

一是切实提高安全感，着力强化新就业群体的权益保障与风险防控。当前，新就业群体缺乏完善的社会保障体系、工作中面临较高交通事故风险、遇到纠纷时缺乏有效维权渠道等问题，很大程度上影响着他们的职业安全感。针对新就业群体在参保、流动和待遇领取等环节面临的困难，应推动新就业群体参与养老保险、医疗保险、工伤保险，提升其对社会保障制度的信任感和预期稳定性，从而降低职业风险和生活风险。针对新就业群体高度关注的平台算法问题，应引导平台企业推动算法人性化，逐步取消以服务时长等为核心的考核标准，转向以服务质量和用户满意度为导向的绩效评估体系，推动建立更加公平、合理、包容的劳动管理模式。积极引导平台企业承担更多责任，通过缴纳更全面的社会保险、提供职业发展培训、设立困难救助基金等方式，不断提升岗位吸引力和从业稳定性。

二是真正增强归属感，加强对新就业群体的思想引领和服务保障。归属需要是人的重要心理需要，强化归属感是增进内心认同、化解社会矛盾的重要路径。新就业群体中的很多人来自不同的城市或乡村，脱离原有的组织体系和生活环境来到陌生的城市，需要从思想、组织、服务等多方面入手，让他们真切感到"此心安处是吾乡"。比如，依托互联网平台、产业园区、楼宇社区等新就业群体聚集区域，探索设立"流动党支部""共享党支部""云上党支部"等新型组织形态，推动党组织由"有形覆盖"向"有效覆盖"转变，让新就业群体中的流动党员能够找到组织、信赖组织。比如，发挥社区党群服务中心和"司机之家""工会驿站""青年之家""妇女之家"等阵地作用，提供必要的歇脚、饮水、阅读等设施，打造新就业群体休息、学习的温馨家园，以"小细节"彰显"大温情"。比如，针对新就业群体由于工作年限较短、收入相对较少而买不起房、租不好房的现实困难，进一步拓宽住房保障范围，开展灵活就业人员参加住房公积金制度试点，让新就业群体能以较

① 内蒙古自治区鄂尔多斯市为新就业群体提供体检服务
② 山东省临沂市"暖蜂驿站"为外卖骑手提供西瓜消暑
③ 广东省深圳市为新就业群体举行迎新春活动

低成本在城市住下来、留下来。总之，就是要通过真心实意的引导和服务，让广大的新就业群体心有所归、情有所系、身有所居。

三是努力激发参与感，发挥新就业群体在社会治理中的独特作用。新就业群体具有流动性强、触角广、贴近基层的职业特点，在城市运行和社区生活中扮演着"移动触角"和"信息纽带"的重要角色。应进一步畅通其参与社区治理的机制、渠道，推动新就业群体与社区的"双向奔赴"。例如，可鼓励新就业群体主动向街道、社区"报到"，在日常配送、通勤过程中发挥走街串巷、人熟地熟的优势，参与环境整治、安全巡查、邻里关爱等基层治理事务。再如，在老龄化趋势日益加深的背景下，新就业群体可在日常服务中承担"微治理"职责，及时发现独居老人的生活异常、健康风险等情况，第一时间反馈至社区，成为保障老年人生命安全和健康福祉的新锐力量。

新就业群体的平台化劳动及其伴生的治理挑战，还涉及权益保障、算法伦理、社会融入等复杂维度，是全球共同面对的时代课题。中国的社会治理创新，既立足自身国情精准施策，也始终以开放姿态吸取国际经验与教训，努力在激发数字经济活力与保障劳动者尊严、维护社会公平正义之间寻求动态平衡，为破解全球面临的社会治理难题贡献中国智慧和中国方案。

◇ 以数智技术提升治理效能

当今时代，数字技术作为世界科技革命和产业变革的先导力量，日益融入经济社会发展各领域全过程，深刻改变着生产方式、生活方式和社会治理方式。这种改变，总体上可以概括为两个方面。一个是"社会的数字化"，互联网的普及几乎使人类社会进入"记录一切"的时代，从指尖划过的消费数据到社交网络的互动轨迹，从智能设备的定位信息到平台推送的浏览偏好，个体的行为轨迹与集体的运行图谱，无论有意还是无意，皆化作海量数据储存下来。另一个是"数字的社会化"，人们以数字技术为纽带，形成了新的社会关系，塑造着新的社会秩序，一个迥异于物理空间的信息社会、网络社群乃至虚拟共同体由此产生。尤其是生成式人工智能的发展，使数据本身具备创造"拟真社会"的能力，如同电影《楚门的世界》的隐喻，不断模糊着

拟真社会

"拟真社会"的概念由法国哲学家让·鲍德里亚提出，是指人们生活在媒体和技术构建的仿真环境中，将符号、图像制造的虚构视为真实。随着影像、广告和社交网络的发展，图像不再反映现实，而是扭曲、掩盖甚至替代现实，形成"超真实"状态。拟真历经4个阶段：从忠实反映现实，到扭曲现实，再到掩盖现实缺失，最终演变为完全脱离现实的纯粹仿像。在此过程中，人们依赖符号系统认知世界，真实经验和现实感知被逐步取代，使人沉浸其中却无法察觉其虚构本质。

虚拟与现实的边界。从这个意义上说，数据已成为社会本体的一部分，数字就是社会，社会就是数字。社会治理必须走向数据治理，这已非一种选择，而是一种必然。

当下的选择决定未来的走向。数智技术如同一把"双刃剑"，既对社会治理提出了新的挑战，也提供了新的机遇。从挑战来看，隐私泄露、数据安全、算法歧视、网络暴力等问题日益突出；现实社会风险经由网络放大和传播后，呈现出波及面广、突发性强、影响力大等特点；等等。从机遇来看，面对日益复杂精细的社会结构和社会活动，数智技术为突破社会治理瓶颈提供了新的可能，能够推动治理模式朝着更加精准化、智能化、人性化的方向跃升。因此，如何拥抱大数据、人工智能等现代信息技术，更好运用数智技术提升社会治理效能，是顺应数字时代发展规律的必答题。

首先，以数智技术更好地感知社会。现在几乎人人都有智能终端设备，随时可以记录社会动态、表达个人感受。这些动态和感受的交响，既构成社会运行的实时镜像，也形成对宏观社会多维度的反思和反馈。无论是客观事实的呈现还是主观情绪的宣泄，均是社会治理需要回应的内容。如果不及时感知，信息淤积将会演变为治理的"盲区"，情绪积压可能转化为治理的"暗礁"，这本身就是潜在的风险源。而面对当下数据之大、之速，要实现对社会情绪的精准捕捉与社会态势的实时感知，离开数智技术绝无可能。比如，上海的"城市运行数字体

上海市城市运行管理中心工作人员通过"城市运行数字体征系统"采集实时动态数据

征系统"正是通过技术手段对城市生态、人流、服务等进行实时、全面、客观的态势感知，有效解决了超大城市治理中"看不清、管不全、不及时"的难题。

其次，以数智技术更好地洞察社会。准确识别社会需求、洞悉社会潜在风险，是有效提升治理主体认识、分析和决策能力的必要前提。传统治理模式下，把握社会趋势主要依赖抽样调查与经验判断，大量具有价值的动态信息因未被数字化而湮没于时间洪流，导致事后难以整体地、系统地、及时地分析。数智技术的出现，使我们不仅拥有原生的、即时的可用大数据，而且有了大数据分析手段。特别是以海量数据与先进算法为驱动的人工智能智慧治理模型，不仅在需求端能够精准识别民生痛点、风险盲点和发展堵点，而且在决策端能够借助深度学习、自动推理等生成多维度、可执行的治理方案。比如，通过人工智能深入分析交通流量、人口密度、能源消耗等数据，能显著提升社会各领域智能化、科学化、精准化治理水平，在提升治理政策适配性的同时，也极大降低了治理成本。

再次，以数智技术更好地回应群众需求。数智技术的深度赋能可以推动社会治理体系实现从"部门中心"向"群众中心"的价值重构，从"标准供给"向"个性定制"的服务升级，从"被动响应"向"主动预判"的效能跃迁。这种变革不仅打破了传统治理的层级壁垒与信息孤岛，更在数字与民生的深度融合中，勾勒出"人民有所呼、治理有所应"的生动景象。一方面，网民数量的急剧增长、各种社交平台的出现，使群众能够实时表达自己的诉求；另一方面，政府借助数智技术收集社情民意，评估相关地区公共议题的关注热度、讨论角度、情感态度等，能更好把握公众诉求，形成直接面对一线治理问题和公众需求的新型民意回应机制。很多地方推行的"最多跑一次""一件事一次办""一网通办"等服务，建立起"24小时响应机制"，确保群众诉求"事事有回音、件件有着落"，就是由技术变革推动治理流程优化、满足人民美好生活需要的具体体现。

湖南政务服务用"数据跑"替代"群众跑"

湖南省创新推行"一网通办"政务服务模式，通过深度整合44个业务系统建成"网上可办""全程网办""指尖快办"的全省统一受理平台，将大件运输许可等24个省级重点事项纳入"高效办成一件事"改革名录，压减跨部门事项办理申请材料、缩短办结时限，并开发"问办协同系统"远程指导操作。通过数据互通和流程再造，切实减少企业群众跑动次数，塑造"身在湖南、办事不难"的政务服务新生态。左图为市民在湖南省政务服务中心办理相关业务；右图为湖南省政务服务中心自助办理区服务机器人。

最后，以数智技术更好地促进群众参与。传统社会治理中，群众往往存在参与成本高、诉求反馈链条长、问题解决周期久等痛点。数智技术通过构建"云端参与"平台，使群众诉求表达能够摆脱时空限制，实现从"层层转办"到"一键直达"的跨越，成本更低、场景更丰富、行动也更方便。置身全球最大的数字社会，中国如何将庞大的网民基数转化为参与社会治理的动能，让"指尖上的民生"真正成为"治理中的民意"，关键在于搭建包容、便捷的参与平台，持续增强民众的参与意识和参与能力。近年来，多地打造的掌上"百姓议事厅"、网上"众人议事厅"、指尖"云上议事厅"等线上议事平

重庆忠县推出"云上议事＋掌上解纷"司法服务新模式

重庆市忠县人民法院推出"忠法云上议事亭"智慧司法服务平台，将线下议事亭机制延伸至线上，设置群众、社区工作人员、法院工作人员三类身份登录端口，集成纠纷调解、法律咨询、网上立案等七大功能模块。群众可直接通过线上小程序提交纠纷详情，系统自动将工单派发至社区，村社干部联合法院干警在线接单调解，推动矛盾化解"出庭入亭""掌上解纷"，通过"云上议事"实现司法服务"零距离"。左图为该县"忠法议事亭"东坡路社区工作站群众纠纷化解现场；右图为"忠法云上议事亭"小程序页面截图。

台，让老百姓可以随时随地参与议事，24 小时"不打烊"，成为解决难事烦心事的好帮手。

当然，在以数智技术提升治理效能的过程中，也要防止可能出现的误区或落差。比如"反应者错觉"，即把有反应的部分视为全部，从而忽视了沉默的大多数，结果造成少数人"绑架"多数人。再如"霍桑效应"，即数智治理本身所产生的数字和数据会影响社会态势、干扰社会秩序，甚至造成治理者不乐见的社会状况。这都需要我们在社会治理实践中予以重视并加以克服。

社会治理创新，一头系着国家治理现代化的战略全局，一头牵着民生福祉的温度质感；既承载着防范化解重大风险的政治使命，又蕴含着提升人民群众获得感幸福感安全感的民生期待。站在制度文明与数字文明交汇的历史坐标上，只有让制度创新与技术赋能双轮驱动，让专业力量与群众智慧同频共振，方能绘就社会和谐的壮美画卷，续写中国之治的精彩篇章。

6 促进人口高质量发展

——如何看待当前我国人口结构及发展趋势？

人口是现代化建设最基本的支撑，人口变化是研判一个国家发展阶段、制度能力与战略选择的重要依据。从历史上看，中国是一个繁衍延续、生生不息的人口大国，家庭和婚育在人生幸福、社会发展中具有十分重要的地位。改革开放以

后，巨量的人口为我国经济社会发展提供了充足的劳动力资源和广阔的消费市场，极大助力了我国经济的腾飞。近年来，我国人口形势发生了许多新的变化，人口负增长、少子化老龄化持续加深以及区域人口分布不均、农村"空心化"等问题备受关注，人口相关话题成为社会上广泛讨论的热点。为什么我国人口结构会发生这样的转变？育龄群体生育意愿持续走低的原因何在？少子化老龄化会给经济社会发展带来什么样的影响？我们又应该如何应对？这些问题，都需要我们理性认识和积极回应。

◇ 我国人口形势的新变化

考察当今中国人口形势的变化，须首先回溯过去一段历史时期里我国人口发展和演变的历程。新中国成立后，国家面貌焕然一新，社会安定，经济发展，医疗条件改善，人口死亡率大幅下降，自然增长率显著上升，人口迅速增长。1949—1970 年是人口的高速增长阶段，我国人口数量从 5.4 亿人增加到 8.3 亿人，年均增长 2.1%；人口死亡率从 20‰下降到 8‰以下。为有效缓解因人口增速过快而日益加剧的资源环境压力，我国自 20 世纪 70 年代开始在全国全面推行计划生育，人口增速逐步下降，人口自然增长率由 1971 年的 23.33‰下降至 1980 年的 11.87‰。此后，因在新中国成立后的"生育高峰"

中出生的人口陆续进入生育阶段，人口自然增长率出现回升，1987年达到阶段峰值16.61‰。20世纪90年代后，在经济社会发展及计划生育政策的双重影响下，人口增速逐渐下降并趋于平稳，人口由1991年的11.58亿人增加到2021年的14.12亿人，增加2.54亿人，年均增长846万人。

2022年是我国人口发展的一个转折点。这一年，全国人口为141175万人，较上一年减少85万人，标志着我国总体上已由人口增量发展转向减量发展阶段。这是我国人口发展发生方向性转变的分水岭，是具有时代性、历史性的人口大事件，体现了我国人口发展从数量扩张向结构优化、素质提升的深刻转变。当前，我国人口发展正处在深度转型期，人口的总体数量、年龄结构、整体素质、区域分布等方面都发生了重大变化。

从人口数量上看，由少子化引致的人口负增长，是我国人口形势最显著的变化。我国人口负增长具有显著的"内生性"特征，是生育率持续低位运行所致。一般来说，一个国家的总和生育率要达到2.1的更替水平才能维持群体人口规模代际稳定。我国的总和生育率从1970年之前的6.0左右，降至1990年的2.0左右、2010年的1.5左右，2020年以来降至1.3以下，2023年进一步降至约1.0，在全球范围内处于较低水平。近年来，我国结婚率下降、婚育年龄推迟渐成趋势，适龄人口生育意愿趋低。2016—2024年，我国年出生人口从1883.23万

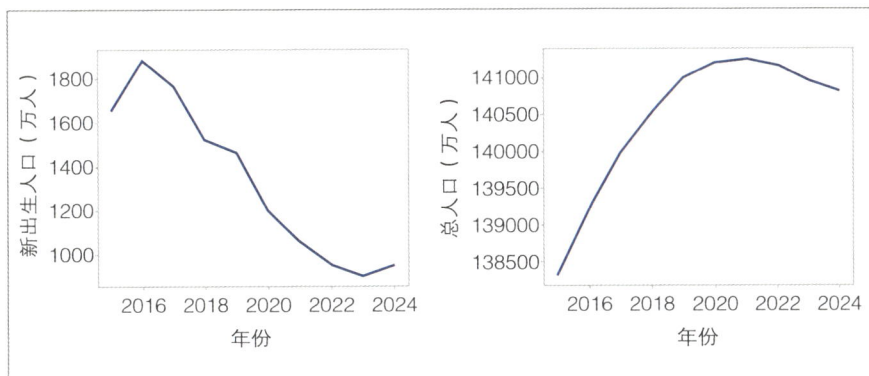

近10年我国新出生人口、总人口趋势图

年份	总人口（万人）	新出生人口（万人）	人口出生率(‰)	人口自然增长率(‰)
2024	140828	954	6.77	−0.99
2023	140967	902	6.39	−1.48
2022	141175	956	6.77	−0.60
2021	141260	1062	7.52	0.34
2020	141212	1202	8.52	1.45
2019	141008	1465	10.41	3.32
2018	140541	1523	10.86	3.78
2017	140011	1765	12.64	5.58
2016	139232	1883	13.57	6.53
2015	138326	1654	11.99	4.93

近10年我国人口相关数据一览表

人下降到954万人，呈现少子化趋势。2022年人口首次负增长之后的2023年和2024年，总人口分别减少了208万人和139万人。有研究认为，未来我国人口负增长是趋势性的，虽然减少的幅度会有所波动，但将进入一个相对长期的负增长通道。当我国人口进入负增长阶段，如何使人口保持在一个适度、合理的规模上，实现长期均衡发展，是需要积极探讨的一个重大基础性问题。

在人口总量转折的同时，我国人口年龄结构也呈现出显著的变动特征，人口老龄化趋势持续深化。根据国家统计局公布的数据，2024年我国65岁及以上人口占比达到15.6%，较2000年的7.0%翻了一番还多。按照国际惯例，一个国家65岁及以上人口比重超过7%就标志着进入了老龄化社会，超过14%标志着进入中度老龄化社会，超过20%则标志着进入重度老龄化社会。照此，我国已于2000年进入老龄化社会，并于2021年达到了中度老龄化社会的标准。从进入老龄化社会到中度老龄化社会，法国用了126年，德国用了40年，日本用了24年，而我国只用了21年。且自2022年起，我国20世纪60年代"生育高峰"期间出生的人口逐步进入老年阶段，人口老龄化提速明显。相较于其他国家，我国的老龄化进程呈现"未富先老"的特点，美国、日本、韩国进入中度老龄化社会时的人均GDP分别为5.5万美元、4.0万美元、3.3万美元，而我国约为1.3万美元，尚未达到世界银行确定的高收入国家门槛。同时，区域差异显著也是我国人口老龄化的一个鲜明特征。我国农村地区人口老龄化程度高于城镇，且差距还在不断扩大，"城乡倒置"明显。人口的迁移流动加剧了老龄化的区

域差异，人口流入地的老龄化压力有所缓解，人口流出地老龄化压力增大。

人口素质提升是实现人口高质量发展的核心指标。近年来，我国国民教育和健康指标稳步上升，人口综合素质显著提高。2024年，我国高等教育毛入学率已超过60%，人均预期寿命达到79岁，在53个中高收入国家中排第4位，提前实现"十四五"规划既定目标。但也应看到，国民受教育水平提高虽然增加了人力资本总量，却也面临就业结构性错配的新问题。一方面，受教育年限延长推迟了劳动力供给时间，造成有效就业年限缩短；另一方面，在高校毕业生"就业难"的同时，重点领域、重点行业、城乡基层和中小微企业人才缺乏问

题较为突出，"招工难""用工荒"现象一定范围内存在。如何实现人口素质的"全面提升"而非"片面增长"，推动教育结构与劳动力市场协调发展、提升人口健康红利的可持续性，是亟须解决的现实课题。

区域人口增减分化，是我国人口发展的另一趋势性特征。伴随经济社会发展和户籍制度改革深化，我国人口流动日益活跃、城镇化水平持续提升。第七次全国人口普查数据显示，2020年我国流动人口约3.76亿人，占总人口的26.62%。常住人口城镇化率持续提升，2024年年末达到67%。从流动趋势上看，在发展机会的驱动下，我国人口持续向省会城市和中心城区集中，人口人才向大城市、都市圈聚集；而随着农村人口大量流向城镇，农村人口数量减少，许多农村出现"空心化"现象。分地区看，人口持续向南部、东部地区聚集。东部沿海地区对劳动力有较大吸引力，人口数量持续增加，其中广东、浙江、上海、江苏等人口流入地区数量明显增多；而东北、中西部等人口流出地区数量明显上升，人口比重下降。整体来看，全国范围内人口聚集与收缩区域并存，呈现出区域人口增减分化的趋势。

城乡间的人口流动

历次人口普查数据显示，我国人口城镇化率从1982年的20.9%快速升至2020年的63.9%，在近40年间，城镇人口增加约6.87亿人，年均增加约1809万人；农村人口减少约2.92亿人，年均减少约768万人。在2020年的全部流动人口中，有88.12%流向城镇地区，规模达到3.31亿人。在流向城镇地区的流动人口中，超过3/4来自农村地区，规模达到2.49亿人。

◇ 辩证看待"人口之变"

人是经济社会发展中最核心的因素，少子化老龄化带来的人口结构转变，可谓改变了人口的"基本盘"，将对经济社会发展各方面产生深层次影响，并形成联动效应。面对我国的"人口之变"，社会上出现许多担忧的声音，其中不乏一些非理性的悲观认识，甚至还有人对计划生育政策提出质疑。一种新变化新形势的产生，其利弊影响往往如同硬币的正反面，蕴含挑战的同时也催生机遇，不能只看一面。对于我国人口发展新形势，必须全面认识、正确看待，从而积极适应、主动引领人口发展新常态。

要辩证看待少子化老龄化带来的双重影响。少子化老龄化对经济社会发展影响利弊兼有，应该因势利导、积极应对。比如，少子化导致教育资源的供求关系转向供大于求，同时人们对公平、普惠、高质量的教育需求大幅提升，这就为调整优化教育资源、建设高质量教育体系提供了难得的机遇窗口。又比如，人口总量对资源环境和公共服务的压力有所缓解，如碳排放量减少、粮食生产和供应压力减轻等。再比如，随着劳动力的稀缺性凸显，劳动力供给压力显现，将倒逼人工智能等新兴技术快速发展，孵化人工智能红利和数字红利，助力产业结构从劳动密集型向技术密集型优化升级，推动经济发展模式加速从要素驱动向创新驱动转型。此外，老年群体日益增长的需求蕴藏着巨大的银发经济发展潜能。随着老年人口规模扩大、预期寿命提高、养老品质需求提升，养老服务、医疗健康、文娱旅游、养老金融等领域均显现出巨大潜力，有望成为新的增长点，为经济发展带来新的活力。

当然，少子化老龄化也给经济社会发展带来了诸多风险挑战，这主要集中在制约经济发展和社会保障承压两个方面。从经济发展维度上看，少子化老龄化对劳动力供给、消费、投资、创新等方面都有较大影响。我国少子化将带来劳动年龄人口规模缩减，可能造成未来劳动力储备不足。一些国家的经验表明，人口负增长和人口老龄化会抑制社会总需求，特别是消费需求。比如，日本是世界上少子化老龄化水平最高的国家之一，提起人口问题就不免谈到"低欲望社会"。老龄化的人口结构将使需求侧呈现代际收缩，部分产业市场容量缩减，消费结构发生深刻变化，同时居民整体资产投资的风险偏好也趋于下降等。从社会保障角度来看，随着人口年龄结构老化，需要供养的老年群体比例将越发庞大，老年人口抚养比持续上升。这种"生之者寡，食之者众"的局面，将会加重养老、医疗等方面的社会保障负担，社会保障制度面临代际转移支付失衡，养

> ### 老年人口抚养比
>
> 老年人口抚养比指老年人口数与劳动年龄人口数之比，用以表明每 100 名劳动年龄人口（15—64 岁）要负担多少名老年人（65 岁及以上），是从经济角度反映人口老龄化社会后果的指标之一。从 2000 年开始，我国老年人口抚养比呈现持续上升趋势，由 2000 年的 9.9% 上升至 2024 年的 22.8%。

老金"现收现付制"与医疗保险统筹机制承受收支结构压力，给现行社会保障的可持续性带来挑战。

此外，还要看到我国人口综合红利仍然具有明显优势。人口数量的减少必然导致人口红利消失吗？其实不然，关键要从过去的"人口数量"视角切换到"人口素质"视角。人口红利不仅与人口数量和结构有关，更与人口素质、经济政策及配套措施有关。从我国现状来看，现有人口和劳动力规模足够庞大，截至 2024 年年末，16—59 岁的劳动年龄人口近 9 亿人，每年新增劳动力超过 1500 万人，且人口减少的总数量有限，

> **调整完善生育政策**
>
> 2013 年 12 月 28 日，十二届全国人大常委会第六次会议表决通过了《关于调整完善生育政策的决议》，决定实施一方是独生子女的夫妇可生育两个孩子的"单独两孩"政策。
>
> 2015 年 12 月 27 日，十二届全国人大常委会第十八次会议表决通过了《关于修改〈中华人民共和国人口与计划生育法〉的决定》，"全面两孩"政策于 2016 年 1 月 1 日起正式实施。
>
> 2021 年 6 月 26 日，中共中央、国务院发布《关于优化生育政策促进人口长期均衡发展的决定》，提出"实施一对夫妻可以生育三个子女政策，并取消社会抚养费等制约措施、清理和废止相关处罚规定，配套实施积极生育支持措施"。

人力资源丰富仍然是我国的突出优势。农村劳动力转移和城镇化仍有巨大空间，也意味着劳动力供给还有尚未开发的潜力。更重要的是，我国接受高等教育的人口超过 2.5 亿人，高技能人才超过 6000 万人，新增劳动力平均受教育年限超过 14 年。这为经济发展提供了充足的、高素质的人力资源，无论是传统制造业、服务业，还是高新产业、新兴业态，都能从中获取充分的人才支持。完全可以说，我国的"人口红利"没有消失，"人才红利"正在形成，人口动能依旧强劲。随着未来对人口素质更加重视，我国人口综合红利将得到持续释放，有力支撑现代化发展。对此，我们应该抱有十足的信心，并以发展的眼光去看待。

从全球范围看，少子化老龄化等人口形势变化并非我国独有的现象，而是当今世界面临的共同挑战。自 20 世纪中叶以来，随着工业化、城市化的不断推进，许多国家在收获经济增长与社会进步的同时，也纷纷进入人口转型期，先后步入生育率持续走低与人口老龄化程度持续加深的阶段。联合国《世界人口展望（2024）》数据显示，截至2023年，全球有约8亿65岁及以上老年人口，占全球人口比重约为10%，其中日本、欧洲等国家和地区的人口老龄化程度已处于超高水平，亚洲、拉美等发展中国家和地区也正在快速步入老龄化社会。同时，全球总和生育率已从20世纪50年代的约5.0降至2023年的2.3，总和生育率低于人口更替水平的国家和地区日益增多。可见，生育率下降与人口老龄化已成为人类共同面对的全球性挑战。

少子化老龄化这一现象有着深刻的经济、社会与文化根源。以近年来社会热议的婚育推迟、婚育意愿持续降低等现象为例，这其中既有世界人口发展规律下的普遍性原因，也有自身国情带来的特殊性原因。

从经济视角看，现代化发展重塑生育动机，经济理性成为影响生育决策的关键因素。在人们普遍从事劳动密集型农业生产的阶段，总和生育率多在6.0以上，其背后固然有医疗卫生水平落后、节育方式缺乏的影响，但也存在更深层次的经济动因。在农业生产为主导的时代，生育的直接成本很低而预期收益显著，子女数量多意味着家庭劳动力充足、可获得更多经济效益、可提供稳定的养老保障，这是"多子多福""养儿防老"

等观念背后的经济根源。随着工业化、城市化进程加快和社会流动加剧，传统农业社会的家庭结构和生育逻辑被现代社会的生活方式所改变，生育不再是维持家庭劳动力和养老保障的必要手段，而更多转化为个人情感与经济决策的结果。随着医疗、养老等社会保障体制更加完善，养老不再依靠数量众多的子女，"养儿防老"的动因大大削弱。加之生育、养育子女的教育、住房、医疗等成本快速上升，家庭背负着长期的责任与投入，作为经济理性的决策主体，会随之调整预期生育的子女数量。

从社会层面看，现代社会的生产生活方式在很大程度上影响着人们的婚育选择，通过婚姻组建家庭的现实条件发生了较大变化。随着传统的熟人社会逐渐被陌生人社会取代，通过血缘、地缘、信仰等纽带结成的共同体日渐式微，"原子化个体"的存在状态，使人与人之间在社会联结、经济关联以至情感交流上均更加疏离，一定程度上削弱了组建家庭、生育后代的现实基础。从我国情况来看，随着人口流动性的增强和人口分布的改变，婚育年龄男女在比例上、结构上、城乡分布上呈现出不平衡状态。对于有婚育意愿的年轻人来说，现实中的婚姻匹配变得更加困难，这一现象在城市和乡村都较为普遍地存在。此外，在现代城市生活中，快节奏的工作生活模式、个体闲暇时间的缺乏、线上娱乐社交方式的兴起等，使青年人在现实生活中的社交意愿、婚恋意愿趋于

都市年轻人的快节奏生活

下降。目前来看，北京、上海等大城市已经出现了非常值得警惕的低生育率。

从文化层面看，现代社会中日益突出的个体主义和自主性追求对婚恋观、生育观、家庭观造成深刻影响。现代化进程中，新的生产生活方式重塑了人与人之间的社会关系，人们的思想观念也随之发生变化。随着个体主义的崛起，个人的自由、独立、自我发展越来越受到重视，这深刻影响了现代社会中人们的婚恋观、生育观、家庭观。作为发展中大国、现代化的"追赶者"，中国用几十年时间走完了西方发达国家几百年走过的工业化历程，整个社会处于日新月异的发展变革中，人们思想观念的改变远比想象中的更为迅速。在当下的中国社会，婚姻、生育、家庭所承载的传统意义，均需要在新的价值观视角下重新接受审视和评判。随着婚育在现代社会"价值版图"中的占比降低，许多人不再认为组建家庭、生育子女是实现人生价值的必要方式，转而追求以自我实现为核心的发展。近年来多项调查均显示，我国部分青年对于婚恋观、生育观、家庭观的认知处于矛盾状态。虽然大多数青年期待建立亲密关系，认同组建家庭、生育子女的重要性，但同时也将成家、生育与个体发展、个人自由对立起来。在这一背景下，婚姻和生育意愿趋于下降，晚婚晚育、不婚不育、"空巢青年"现象增多。同时，现代化的推进为性别平等提供了思想和物质基础，女性群体走向更加平等、更加追求主体性的状态，从而对婚育

◀重庆市北碚区幼儿园孩子们体验旱地冰壶

▶青海省西宁市城北区新村社区为老年人举办欢乐迎新春活动

更有选择权、更加审慎。体现在家庭分工中，传统的"男主外、女主内"正成为过去式，加之女性在生育决策中需要权衡职业发展的机会成本，这些趋势性的转变也会随之带来生育意愿的下降。

总而言之，这些"人口之变"是现代化进程中必然会出现的社会现象，要以"大人口观"来视之，全面地、长期地看待这些变化及其带来的影响，既不回避矛盾、也不被矛盾所困扰，趋利避害做好工作。

◇ 少子化老龄化的应对之策

少子化和老龄化之间存在着关联性，当前我国所经历的人口老龄化由人口预期寿命延长和生育水平降低两方面因素叠加而成。积极应对我国人口老龄化的关键要义，既在于破解少子化困局，也要有效满足老年群体日益增长的健康养老需求。

多措并举降低生育成本。对于我国而言，"成本效应"是影响婚育意愿、导致生育率低下的关键原因。高昂的婚嫁、生育、养育、教育成本等，成为阻碍当下青年结婚和生育的主要因素，"生不起""不敢生"现象较为普遍。目前，我国正在从多方面着手进行政策引导，强化教育、住房、就业等支持措施，帮助更多家庭减轻负担。同时，完善生育支持政策体系和激励机制，建立健全生育休假、补贴等制度，为意愿生育群体提供有效生育服务支持。着力推动建设生育友好型社会，致力于实现育龄群体"工作—家庭"平衡，更加注重保障女性就业权益和职业发展空间，降低生育子女的机会成本，努力让"生育隐性歧视"不再成为育龄女性群体的枷锁。

积极构建新型婚育文化。我国民众广泛遵循"先婚后育"的婚育模式，和谐的婚姻家庭关系对于人生幸福、后代抚育而言都至关重要。近年来，婚嫁大操大办、高额彩礼等陈规陋习以及"恐婚恐育"的负面舆论成为青年婚恋交友的"拦路虎"，一定程度上对青年人的婚育意愿造成负面影响。因此，必须扎实推进婚俗改革和移风易俗，培育积极向上的婚俗文化。对

黑龙江哈尔滨建设普惠可及、安全专业的托育服务体系

黑龙江省哈尔滨市作为全国首批婴幼儿照护服务示范城市之一，围绕满足群众"托得近、托得起、托得好"需求，加快普惠托育服务体系建设，出台《哈尔滨市普惠托育服务体系建设规划》等10余个政策文件，建立各类托育机构851个，盘活街道社区、机关事业单位闲置房产，打造出一批"小而美"的托育站点，构建以"公办示范园为龙头、社区嵌入式机构为支点、家庭托育为补充"的三级服务网络，为1.9万余家庭兑现育儿补贴超2.25亿元。2024年，该市出生人口同比增长15%。图为该市普惠托育服务中心开展趣味亲子游戏。

《育儿补贴制度实施方案》印发

2025 年 7 月，中共中央办公厅、国务院办公厅印发《育儿补贴制度实施方案》。文件明确，从 2025 年 1 月 1 日起，对符合法律法规规定生育的 3 周岁以下婴幼儿发放补贴，至其年满 3 周岁。育儿补贴按年发放，现阶段国家基础标准为每孩每年 3600 元。其中，对 2025 年 1 月 1 日之前出生、不满 3 周岁的婴幼儿，按应补贴月数折算计发补贴。这是新中国成立以来首次大范围、普惠式、直接性向群众发放的民生保障现金补贴。

《关于逐步推行免费学前教育的意见》印发

2025 年 7 月，国务院办公厅印发《关于逐步推行免费学前教育的意见》。文件明确，从 2025 年秋季学期起，免除公办幼儿园学前一年在园儿童保育教育费。对在教育部门批准设立的民办幼儿园就读的适龄儿童，参照当地同类型公办幼儿园免除水平，相应减免保育教育费。民办幼儿园保育教育费高出免除水平的部分，幼儿园可以按规定继续向在园儿童家庭收取。对因免保育教育费导致幼儿园收入减少的部分，由财政部门综合考虑免保育教育费在园儿童人数、所在地保育教育费生均实际收费水平等情况补助幼儿园。

此，我国已有多地推出政策倡导文明婚俗，提倡婚事新办、简办，鼓励"零彩礼""低彩礼"等，引起广泛的关注与响应。同时，要在全社会引导培育积极的婚恋观、生育观和家庭观，大力倡导尊重生育的社会价值，提倡适龄婚育、优生优育，扎实推动性别平等，鼓励夫妻共担育儿责任，缓解青年婚育焦虑，夯实提高生育率的婚姻家庭基础。

释放人口综合红利。在少子化老龄化的趋势下，劳动年龄人口数量和比例将趋于下降。在我国之前步入老龄化社会的国家如日本、韩国等，都先后面临了劳动力供给不足的挑战。我们应未雨绸缪，坚持人才强国战略，加快人力资本积累，培育现代化急需的人力资源。注重培育高素质劳动者队伍，发挥劳动人口质量优势，推动经济发展从劳动力驱动和资源驱动转向人才驱动和创新驱动，使"人才红利"得以充分释放。此外，当前我国老年人口结构中 60—69 岁低龄老年人占比超过一半，预计到 2050 年占比仍在四成左右。低龄老年人具备较高健康水平和社会参与能力，为缓解赡养压力、实现积极老龄化带来了结构性机遇。创造条件增强大龄劳动者的就业意愿和就业能力，提高老年人的经济社会参与水平，将有助于扩大和延续人口红利，增强社会应对人口老龄化的韧性。为适应人口发展新形势，我国开始实施渐进式延迟法定退休年龄，这正是吸收国际经验、充分开发利用人力资源、积极应对人口老龄化的务实之举。

健全老年社会保障体系。我国自 1991 年开始探索三支柱养老金体系：第一支柱即基本养老保险，由城镇职工基本养老保险、城乡居民基本养老保险构成；第二支柱是单位补充养老保险，主要由企业年金和职业年金构成；第三支柱为个人养老金制度，于 2022 年正式启动，尚处于起步阶段。目前，我国养老金体系第一支柱占据主导，而第二、第三支柱规模较小，尚有很大的发展空间。对此，需针对性补齐养老保障体系建设短板，加快发展多支柱养老保障体系，使其更

我国实施渐进式延迟法定退休年龄

2025年1月1日,《全国人民代表大会常务委员会关于实施渐进式延迟法定退休年龄的决定》开始施行。综合考虑我国人均预期寿命、健康水平、人口结构、国民受教育程度、劳动力供给等因素,按照小步调整、弹性实施、分类推进、统筹兼顾的原则,实施渐进式延迟法定退休年龄。用15年时间,逐步将男职工的法定退休年龄从原60周岁延迟至63周岁,将女职工的法定退休年龄从原50周岁、55周岁分别延迟至55周岁、58周岁。

可持续、更具韧性。面对我国养老服务均等化水平不足、服务供需均衡水平较低、要素保障有待增强等挑战,要着眼于实现全体老年人享有基本养老服务的目标,加快补齐农村养老服务短板,不断缩小人群、城乡、区域间优质养老服务可及性差距,完善多层次养老服务体系,分层分类精准保障老年人服务需求、提高老年人生活品质,实现老有所养、老有所乐、老有所为。

大力发展银发经济。随着人口老龄化进程加快、程度加深,未来老年人口规模将保持较快增长,这将对我国经济需求结构产生重要影响,也蕴藏着发展银发经济的巨大潜力。党的二十届三中全会和2024年中央经济工作会议先后对发展银发经济作出部署,将其作为"大力提振消费、提高投资效益,全方位扩大国内需求"的一项重要举措。2024年,国务院办公厅发布《关于发展银发经济增进老年人福祉的意见》,其中26项举措实现从民生服务到科技研发的全覆盖,养老消费、老龄健康、金融支持、养老数据平台、银发旅游列车等配套政策相继出台。银发经济一头连着民生、一头连着产业，不仅包括传统的"衣食住行用"等实物消费，还包括医疗保健、护理康复、文化旅游等服务消费。发展银发经济不仅有助于增进广大老年群体生活福祉，还能持续发挥老年群体作为消费者的积极功能，有望在拉动内需、培育新兴产业和促进就业等方面持续发挥重要作用，为我国经济高质量发展增添活力。

银发旅游列车带动服务消费新增长

全国老龄委数据显示，银发旅游人数已占全国旅游总人数的20%以上。2025年1月，商务部等9单位印发《关于增开银发旅游列车　促进服务消费发展的行动计划》，提出到2027年，构建覆盖全国、线路多样、主题丰富、服务全面的银发旅游列车产品体系。银发旅游列车的推出，将更好满足银发群体旅游服务需求，助力培育银发经济新增长点。图为乘坐银发旅游列车的老年人。

◇ **如何面对区域人口增减分化**

当前，我国正处在人口和经济活动空间布局大调整的时期，城乡和地区之间人口流动活跃，区域人口增减分化趋势明显。第三至七次全国人口普查数据显示，改革开放以来，我国流动人口规模持续增长，从 1982 年的 657 万人增加到 2020 年的近 3.76 亿人，如今我国平均每 4 个人中就有 1 个流动人口。

影响人口迁移流动的原因很多，其中经济方面的因素具有决定性意义。为了追求更高的收入和更好的发展机会，人们往往会选择迁移到经济发展水平较高、就业机会充足、创业机会丰富的地区，从而向大城市和都市圈聚集。由于我国流动人口的主体是处于生育旺盛期的青壮年群体，大规模的人口流动同时带来了人口分布、人口年龄结构和人口生育的区域分化。

如何认识区域人口增减分化这一现象及其影响？首先要看到，人口在地区间的迁移流动是符合发展规律的，也是我国经济社会充满活力的体现。人口迁移流动的主流，是从生产效率较低的产业部门和地区流向生产效率较高的产业部门和地区。实证研究结果表明，人口迁移流动的活跃对于提高劳动生产率、提升资本配置效率和发挥外部性经济影响都具有显著的积极影响，有利于促进要素禀赋优化配置、产业结构转型升级和技术创新，进而推动经济社会发展。但同时，这一变化背后也隐藏着一些风险挑战。对人口持续减少的地区而言，劳动力供给将减少、消费需求会弱化，从而制约其经济增长。随着人口人才的持续流失，部分欠发达地区和广大乡村可能陷入"失血""贫血"状态，从而加剧区域、城乡之间的不平衡。对人口持续流入地区而言，高度集聚的人口也将对其基本公共服务供给能力、资源环境和交通承载力等造成较大压力。当城市的人口承载能力超限，便会随之引发居住生活成本过高、公共服务短缺、资源配置失衡等诸多问题。

区域人口增减分化的趋势，对国家和地区层面的经济社会发展战略、城乡统筹规划、公共服务资源配置等提出了新的要求。我国未来的经济社会发展、制度政策制定，也要立足于流动性不断提高这一基本特点。积极适应并主动引领人口发展新常态，关键是要把握人口流动客观规律，充分协调并利用人口与经济社会、资源环境之间存在的积极关系，不断进行政策创新和制度优化，构建产业升级、人口集聚、城镇发展良性互动机制，促进城乡、区域人口合理集聚、有序流动，为经济社会发展注入新动力。

一方面，优化区域经济布局和国土空间体系，引导人口合理流动。"人随产业走"是人口迁移的基本逻辑。要激活区域协调发展动能，推动西部大开发形成新格局，推动东北全面振兴取得新突破，促进中部地区加快崛起，鼓励东部地区加快推进现代化，推进产业在区域间合理布局、梯度转移，在调整产业结构的同时带动人口的有序迁移，使人口和产业在区域间实现更为合理的聚集和分布。同时，促进人口分布与生产力布局、公共服务配置、资源环境承载能力有效衔接。比如，引导人口净流入的特大城市等地区的人口、产业和设施向中西部地区疏散，处理好资源、环境、人口之间的关系；在中西部地区重点培育先进制造业和现代服务业产业集群，扩大就业供给规模，改善公共服务设施条件，提升基本公共服务能力，通过发挥比较优势留人引才，避免出现"空心化"现象。

另一方面，深入实施以人为本的新型城镇化战略，激活人口空间再配置红利。"人因城聚，城以人兴"。我国城镇化正从快速增长期转向稳定发展期，城市发展正从大规模增量扩张阶段转向存量提质增效为主的阶段，区域人口增减分化趋势在未

湖北荆州着力打造国家级承接产业转移示范区

湖北省荆州市是全省唯一一个国家级承接产业转移示范区。近年来，荆州擦亮示范区"金字招牌"，紧盯珠三角、长三角、京津冀等重点区域，聚焦智能家电及装备制造、能源及医药化工、造纸包装及新型建材、食品加工、电子信息产业，引进行业头部企业，形成以美的冰箱荆州生产基地为龙头的"1+40家核心供应商"智能家电产业链，支持信义、亿卓、友大等配套企业做大做强，形成4个千亿级、6个500亿级产业发展格局。图为该市产业转移示范区掠影。

来较长一段时间内仍将延续。要持续深化户籍制度改革，健全常住地提供基本公共服务制度，推动基本公共服务常住人口全覆盖，加快推进国家基本公共服务均等化，强化新市民群体社会保险、住房保障、学前及义务教育等公共服务均等供给。针对人们对教育、医疗、养老等优质公共产品需求快速增长的趋势，优化基础设施和基本公共服务空间配置，提高城市公共资源空间分布的合理性，更好地实现人口与公共产品的空间匹配。同时，不同类型城市需制定差异化的人口集聚政策，引导流动人口形成合理且稳定的预期。大城市应在充分评估其城市容纳能力和公共服务提升空间的基础上增强城市包容性；中小城市应着力提升公共服务吸引力，增强人口承接能力，对冲大城市对人口的"虹吸效应"，避免成为人口流动的"洼地"。

此外，在统筹人口与经济社会、资源环境关系的过程中，应坚持总体国家安全观，重视边境地区人口发展新形势给地区安全、国家安全带来的新挑战。边境地区是确保国家安全的重要屏障，人口的稳定是边境地区安全的基础。边境人口缩减特别是青年人口流出，将直接影响边境人口数量的稳定，进而影响人口质量和安全。同时，边境人口安全与国家安全体系中的经济、文化、社会、信息、生态等多个领域高度关联，具有重要的战略支撑作用。这就需要边境地区在谋划、实施人口发展战略的过程中充分把握人口发展新形势，持续完善人口安全保障政策体系，优化人口结构和分布，更好维护国家安全。

中国产业转移发展对接活动助力区域协调发展

中国产业转移发展对接活动是由工业和信息化部与地方政府联合主办的国家级产业对接平台，旨在推动产业在国内梯度有序转移，促进区域协调发展与现代化产业体系建设。图为以"绿色赋能 新质发展"为主题的2025中国产业转移发展对接活动（内蒙古）在呼和浩特市举行。

中国式现代化是人口规模巨大的现代化。我国正在推进人类历史上规模最大、难度最大的现代化事业，人口问题始终是面临的全局性、长期性、战略性问题。"人口之变"的快速演进无疑将为社会带来系统性变革，同时也孕育着发展进步的新契机。对于这一涉及发展全局的重要问题，我们应保持战略定力，积极应对人口变化趋势，顺应人民群众对美好生活的期待，把人口高质量发展同人民高品质生活紧密结合起来，促进人的全面发展和全体人民共同富裕，为中国式现代化提供坚实支撑。

7 让**求真务实**蔚然成风

——如何切实整治形式主义为基层减负？

在 2025 年央视春晚一则名为《花架子》的小品中，新任镇长的一句"商户玻璃该擦了"，经过层层传达、不断加码，竟变成商户每日必做之事。小品可谓切中时弊，辛辣讽刺了少数干部中存在的形式主义作风，看似夸张滑稽的表演实则是形式主义问题的真实写照，也将形式主义的荒诞与危害展露无

遗。实事求是地讲，基层形式主义现象并不鲜见，一些极端事例让人啼笑皆非甚至拍案而起。形形色色的形式主义，让基层的同志们苦不堪言、身心俱疲，让基层的一些工作事倍功半、陷入空转。然而，现象背后的问题也值得深思：既然形式主义如过街老鼠人人喊打，那为何还屡禁不止？其形成和衍生的原因到底是什么？我们又当如何有效整治形式主义，让基层干部轻松上阵？因此，确有必要对形式主义来一番"望闻问切"，做深入细致的诊断分析，进而达到祛邪扶正、标本兼治之功效。

◇ **基层形式主义面面观**

在《辞海》中，形式主义的释义是"片面追求形式而忽视内容的一种形而上学的观点、方法和作风"。现实生活中，形式主义十分顽固、无孔不入，一有机会就冒出头来。现在，就让我们走进基层，且看形式主义的几副面孔。

一曰文山会海。这是基层最典型、最常见的一种形式主义。曾有网站发起关于基层减负话题的留言征集活动，其中对"基层负担主要有哪些"的调查显示，近 5000 条留言中 44% 认为文山会海排在首位，可见其影响之广、积弊之深。比如，文件照抄照转、重复雷同、脱离实际，甚至超数量、超篇幅、超范围发文；开会缺乏统筹、扎堆密集，会议多、陪会多甚至搞

> **整治形式主义为基层减负典型问题被通报**
>
> 　　2024 年 4 月以来，中央层面整治形式主义为基层减负专项工作机制办公室会同中央纪委办公厅先后 6 次通报共 18 起整治形式主义为基层减负典型问题。比如，2025 年 7 月 14 日，中央通报 3 起典型问题，分别是广西壮族自治区桂林市恭城瑶族自治县脱离实际、盲目决策建设文旅项目，黑龙江省绥化市一些考核隐形变异、指标繁杂，中国农业电影电视中心等一些单位和行业协会违规开展创建示范等活动并收取费用。

"套娃式"会议，议而不决、效率低下；等等。中央整治形式主义为基层减负之后，各地对开会数量、发文数量加以限制，基层文山会海的现象有所改观，但一些地方改头换面的情况也随之出现，如文件"红头"变"白头"，或以内部通知、口头指示、电话通知等形式代替下发文件。文山会海的结果，就是陷入"以文件落实文件、以会议落实会议"的怪圈，不研究实情、不解决问题。

　　二曰走马观花。调研原本是为了了解基层真实情况，但一些领导干部习惯于"打卡式"调研，坐在车上转、隔着玻璃看，只看"样板工程"、听"经典故事"，回避问题多、矛盾深的区域，对基层真实情况的了解好比门中眼、水中月、镜中花。更有甚者，讲究的是场面、排场，调研是否满意主要取决于接待是否"给力"。而每一次调研，都会占用基层相当多的时间、人力和财力，却提不出有针对性、可操作性的意见建议，很难给基层带来实实在在的帮助。更值得警惕的是，这种"作秀式"

调研正在形成自我循环：用虚假数据佐证错误决策，再用更多调研掩盖决策失误，从而让基层治理体系陷入"信息茧房"。

三曰过度留痕。近些年，"痕迹管理"在基层工作中被广泛应用，其优势在于通过保留文字、图片、视频等资料，还原工作落实情况，方便日后核实查证。但是，有些地方和单位把"痕迹管理"搞成了"痕迹主义"，考核评价工作时过分看重材料是否齐全、记录是否完整、照片视频是否丰富，将"有迹可循"等同于"工作到位"，将"材料厚度"等同于"工作强度"，将"痕迹"多少等同于"成绩"大小，却恰恰忽视了实际问题的解决程度和群众的满意程度。比如，一些"一眼看穿"的简单工作，还要专门制订"方案""计划"；下乡调研、巡查排查、走访帮扶等，都要"立此存照"；更有甚者弄虚作假，搞"移花接木""张冠李戴"，以致引发负面舆情。

四曰层层加码。层层传导压力是贯彻落实各项工作部署的重要方式，不仅可以压实责任，也能激发基层干部干事创业的主动性和自觉性，实现压力向动力的转化。然而，一些地方在推进工作的过程中，脱离实际、自我加压，刻意拔高标准、扩大范围、收紧尺度，把"压力层层传导"异化为"压力层层加码"。比如，有的地方落实党中央关于集中整治违规吃喝的要求简单粗暴，将"违规吃喝"演化为"吃喝违规"，肆意扩大查处范围，导致正常公务活动及个人餐饮也受影响；有的部门布置工作，给自己留的时间"足足的"，给基层留的时间"紧紧的"；有的地方以层层签署责任状来"甩压力"，以责任状推动工作任务层层加码。层层加码看似"积极作为"，实则假装落实、反向用力、甩锅避责，本质是貌若积极的懒政和怠政。

五曰督查过多。督查检查是上级通过实地查看、走访调研、翻阅资料、询问答复等方式，督促各项工作完成的一种手段。但在落实中，有些地方和单位变了形、走了样：或名目繁杂，常规督查、专项督查、交叉互查等轮番上阵；或频率过高，对同一主题反复督查；或多头重复，不同部门集中督查同一地方或事项。此外，有的督查标准不明确、不统一，让基层无所适从；有的指标设置过度量化，推行"千分制"甚至"两千分制""三千分制"，往往零点几分难倒众人；有的以"属地管理"为名，动辄把任务分解下压，将本应由上级承担的责任转嫁基层。

六曰政绩工程。政绩是领导干部为官一任、造福一方，为党和人民工作取得的实际成效。而搞政绩工程则是急功近利、贪图虚名，不考虑地方的实际需要和财政能力，热衷于"垒假山""堆盆景"，花国家和人民的钱往自己脸上"贴金"，避实就虚"搞形式"、寅吃卯粮"铺摊子"、浮夸作秀"求显绩"，给地方的可持续发展带来严峻挑战。比如，贪大求洋、盲目上马高耗能项目，急功近利重复低层次建设，打造"精品"观摩路线，速成"典型"试点案例，造出一些"纸面上的经验""昙花一现的典型"。更有甚者，虚构工作成绩，编造先进事迹，刻意掩盖失误错漏，甚至在民生数据上造假。"不怕群众不满意，就怕上级不注意"，这是搞政绩工程者的真实心态。

七曰数字负担。运用互联网平台开展工作，本意是提高效率、降低成本。但有些地方过度依赖数字技术，强制"打卡"、多头填报、滥用排名，将"键对键"等同于"面对面"，"指尖便利"沦为"指尖负担"，造成"指尖上的形式主义"。比如，有的地方跟风开发各种应用软件，盲目向基层下达安装使用指标，将软件使用情况纳入考核范围；有些部门之间管理职能交叉又存在信息壁垒，系统、平台之间的数据不能互通共享，数据重复填报之下产生大量"表哥""表妹"，消耗基层大量精力。

《整治形式主义为基层减负若干规定》

2024年8月，中共中央办公厅、国务院办公厅印发《整治形式主义为基层减负若干规定》，文件共7个部分，21条具体规定。一是"切实精简文件"，主要规定严控文件数量、提升文件质量、加强评估审查等。二是"严格精简会议"，主要规定严控会议数量、控制规模规格、提升质量效率等。三是"统筹规范督查检查考核"，主要规定严格计划和备案管理、改进方式方法、严控对基层督查检查考核总量等。四是"规范借调干部"，主要规定不向县及以下单位借调干部、严控向市及以上单位借调干部等。五是"规范政务移动互联网应用程序管理"，主要规定清理整合面向基层的政务应用程序、严格建设管理、防止功能异化等。六是"规范明晰基层权责"，主要规定建立健全职责清单，完善清单外事项准入制度，规范工作机制、挂牌和证明事项，依法依规确定基层信访工作职责等。七是"规范创建示范和达标活动"，主要规定精简种类数量、注重创建示范实效、在基层不搞达标活动等。

以上几个方面，大致描述了基层反映比较突出的形式主义问题。虽然形式主义怪象令人眼花缭乱，且在实践中不断变异演化，但万变不离其宗，其本质是重形式轻实效、重过程轻结果，用轰轰烈烈的形式代替了扎扎实实的落实，用光鲜亮丽的外表掩盖了矛盾和问题，雨过地皮湿、中看不中用，"无实事求是之意，有哗众取宠之心"。长此以往，不仅牵扯基层精力、空耗公共资源、阻滞事业发展，还会割裂干群血肉联系，严重损害党的形象，侵蚀党的执政根基。因此，形式主义同我们党的性质宗旨和优良作风格格不入，是我们党的大敌、人民的大敌。

◇ 形式主义为何如此顽固

针对形式主义对基层工作造成的种种困扰，近年来我们下大力气进行整治，取得了积极的进展和成效，形式主义现象少了，求真务实之风多了。但必须看到，形式主义并未销声匿迹，有的甚至改头换面反弹回潮，以各种新的形式和面目卷土重来。对此，我们不禁要问：基层的形式主义为何会久治不愈、反复发作？

实际上，形式主义并非今天才出现。早在土地革命战争时期，毛泽东同志在《反对本本主义》一文中就曾深刻批判："为什么党的策略路线总是不能深入群众，就是这种形式主义

甘肃真招实招助力基层"轻装上阵"

为贯彻落实《整治形式主义为基层减负若干规定》，甘肃省制定《充分发挥整治形式主义为基层减负专项工作机制作用十项措施》，坚决查纠文山会海、过度留痕、层层加码等问题。设置基层减负观测点，监测重点行业领域基层减负情况。整合归并村（社区）办公服务场所内外部标识牌，村、社区出具证明事项分别减少42.3%、34.5%。严控从市及以上单位借调干部，清退从县乡借调工作人员2054人。指导市级以下层面将所有考核事项整合为一个综合考核，市县乡考核县乡村指标分别压减90.8%、82.4%、76.4%。图为该省兰州市城关区纪委监委干部在区政务服务中心走访了解基层减负情况。

在那里作怪。盲目地表面上完全无异议地执行上级的指示，这不是真正在执行上级的指示，这是反对上级指示或者对上级指示怠工的最妙方法。"在当年那么严峻的斗争形势下，形式主义都还有生存空间，可见它真是一种顽疾，甚至是一种"世纪顽疾"。

那么，形式主义是如何形成的呢？形式是内容的存在和表现方式，任何事物、任何工作、任何活动都必须通过一定形式来体现其内容。一个组织要想正常运转，同样离不开一定的形式作为支撑，如召开会议、下发文件、量化指标等。邓小平同志就曾明确指出："我不反对必要的形式。有了形式才能鼓

贵州六盘水钟山多措并举破形式主义之弊

贵州省六盘水市钟山区精简会议流程、减少文件数量，2025年一季度区级发文量同比下降17.9%，督查检查考核事项同比减少66.7%；通过注销政务新媒体账号、解散"僵尸群"，推动数据跨部门共享，破除基层"重复填表、多头报数"困境。减负后干部下沉时间显著增加，从"群里喊"回归"入户走"，协助村民申领补贴、办理医保等，实现治理效能全面提升。图为该区干部走村入户为居民解答问题、宣传政策。

起气，才能有气氛，但是不要只注意形式方面，而工作不够踏实。"可见，形式主义的弊病在于过分强调或夸大形式，偏离了形式设计之初的预期目标，使得形式在运行过程中发生了异化和变质。这也告诉我们，形式主义与形式往往只有一步之遥，如果尺度把握不好，把形式与内容割裂甚至对立起来，就会走向形式主义。

具体到基层的形式主义问题，本质上也是形式偏离内容的结果。"善除害者察其本，善理疾者绝其源。"根治形式主义痼疾，还须找准其存在、蔓延的实质和根源，方能对症下药，进而精准施策。综合分析，形式主义问题多发背后既有干部政绩观的问题，也有制度、社会和文化层面的因素。

——形式主义之所以顽固，首先与部分干部政绩观价值观错位有关。习近平总书记指出，"形式主义背后是功利主义、实用主义作祟，政绩观错位、责任心缺失"。事实的确如此。比如，有的领导干部为了突出个人政绩，向下级单位或部门提出一些不符合实际的任务目标；有的认为自身的政绩只与上级有关，因而在工作中只注重对上级负责，却疏于对群众负责。持有如此政绩观，搞形式主义就在所难免了。进一步讲，政绩观的背后是人生观价值观，是人生理想、价值追求、思想境界的体现。一事当前，如果首先考虑的是人民利益和事业发展，那就会真心实意、实事求是地处理问题，自然就会收到实效；反之，如果把自身利益和个人进退摆在首位，那很大可能会采取急功近利、实用主义的态度，难免会做出浮于表面、装模作样甚至自欺欺人的事情来。

从更深的层面进行分析，此种错误政绩观和人生观价值观的形成有着深刻的历史文化根源。形式主义背后往往站着官僚主义，官僚主义引发形式主义，形式主义助长官僚主义，而官僚主义又与封建社会遗留下来的官本位思想有关。简单说来，官本位是一种以官为本、以官为贵、以官为尊的思想，其绵延数千年，至今仍顽固地渗透于社会政治生活之中。正是这种扭曲的"官念"，诱使一些人醉心虚名，助长"官老爷"做派，高高在上、脱离群众，背离脚踏实地、埋头苦干的作风。与此同时，社会上的个人主义等利己思潮，也会侵蚀少数党员干部的思想根基。这些因素，都会成为滋生形式主义的思想文化土壤，并且放大基层形式主义问题。

——形式主义之所以顽固，也与相关体制机制不完善有关。基层作为政策执行的"末梢神经"，承担着"上面千条线，下面一根针"的落地重任。但越是基层部门，越面临"三少三多"的难题：可支配财政资源少，上级考核指标多；在编执行人员少，临时抽调任务多；自主决策权限少，责任追究风险多。这种资源禀赋与任务要求的倒挂，迫使基层陷入"小马拉大车"的治理困境。当政策要求超出基层实际承载能力时，面对自上而下的考核压力，基层干部往往面临两难选择：推进工作可能导致资源错配引发次生问题，不推进则直接触发问责机制。在这种情况下，就可能导致少数干部产生"程序性应付""留痕式防御"等避责心理和行为，选择通过一些"安全""低风险"的程序操作来规避潜在的压力和风险。

尚待完善的考核体系也是催生形式主义的原因之一。通常来说，上级单位制定工作目标后也会相应对下级单位提出考核要求，以确保任务得到落实。然而，一些下级单位则往往会进一步加码，提出更多考核指标，并压缩任务时限。当各个上级单位都可以面向基层提出要求、增列考核指标时，也在事实上把相应的责任推给了基层。这样的考核压力传导至基层后，基层不得不将应对考核当作一种"策略"甚至新的工作任务。此外，数字技术的出现与推广，为基层搭建政

云南寻甸推动基层"摘牌瘦身"

云南省寻甸回族彝族自治县把基层减负作为深化作风革命、效能革命的重要内容，聚焦基层反映强烈的牌子多、工作群多、报表多等问题，组织开展规范整治专项行动，对发现的各类"疑难杂症"进行现场"听诊下药"，确保牌子取得下、服务有保障、问题不反弹。图为该县纪委监委工作人员为基层"摘牌瘦身"。

务平台、汇集发展数据提供了便利，却同时面临管理体系不够清晰成熟的问题，有时反而增大了基层干部应对考核的强度，占用了基层更多的时间与精力。于是，在这种问责体系下，一些基层干部倾向于选择"安全"的做法，更注重程序合规而非服务群众的实际效果，致使党中央的决策部署在落地的过程中打了折扣。而权责不适配的考核压力在实际工作中不仅催生了形式主义，也会进一步成为官僚主义滋长的温床，这是值得警惕的。

——形式主义之所以顽固，与一些基层干部能力水平欠缺相关。在信息化与全球化深度交织的当下，知识迭代周期大幅缩短，社会群体的生活方式与利益诉求呈现高度分化特征。这种多维度的社会变革使基层治理场景日益复杂，基层工作的复杂程度、专业程度远超以往，对干部的政策解读、矛盾化解和资源整合能力提出了前所未有的挑战。部分干部因未能及时实现知识结构更新和能力转型升级，在面对新型社会矛盾时暴露出"老办法不管用、新办法不会用"的本领恐慌。于是，当传统工作方式难以适应当下需要、现有能力水平又不足以支撑时，有些基层干部便会尝试通过做表面工作来掩盖思维方法和工作能力的不足，或者仍然沿用过去的工作方式来消极应对，其实际效果必然大打折扣。当"痕迹管理"取代"实绩导向"，当"材料厚度"凌驾于"民生温度"，形式主义便由个别干部的"能力焦虑"逐步演变为责任转移的"自我说服"。

——形式主义之所以顽固，还因其具有一定的欺骗性和虚伪性。由于形式本身的必要性和合理性，许多人便习惯性地依赖形式，久而久之，形式主义便悄然滋生，并展现出较强的隐蔽性和欺骗性。相比于其他作风问题，形式主义摆出一副"政治正确"的样子，披着规范、程序、标准的外衣，很容易唬住人。形式主义往往给人轰轰烈烈、热火朝天的观感，看上去像在勤勤恳恳地工作、雷厉风行地落实，"认认真真搞形式，踏踏实实走过场"就是其生动写照。于是乎，形式主义以表面的"热闹"，成为一些人加官晋爵的垫脚石、推卸责任的挡箭牌、遮蔽实际问题的隐身衣，这也是少数人对搞形式主义乐此不疲的原因所在。

综上可知，基层的形式主义问题，既有历史沉疴的惯性延续，也是现实土壤的复杂产物，可谓"冰冻三尺，非一日之寒"。因此，对于形式主义这一痼疾，我们决不能等闲视之，要正视它、研究它，然后克服它。

◇ 形式主义到底该怎么破

形式主义犹如治理领域的"慢性顽疾"，其"症状"纷繁复杂、"病根"盘根错节，这无疑给整治形式主义增添了难度。然而恰因其"复发率高""传染性强"等特性，更需我们以刮骨疗毒的决心遏制其蔓延，不能放任不理、由其成风成势。

破除形式主义顽疾，离不开实事求是的态度。现在，基层干部群众对整治形式主义抱有很高期待。但通过上述分析可知，基层形式主义问题之所以顽固，就在于它不是一个静态的东西或者单纯的表象，无法通过简单的"外科手术"将其连根拔起。对此，我们不能犯"急躁症"和"消极症"。一方面，有些干部期望对形式主义手起刀落、速战速决，然而这并不符合客观实际。我们需要做好打"持久战"

浙江省开化县纪检监察干部张贴"指尖上的形式主义问题反映直通车"二维码

的心理准备，即使一时的情况不如预期，也要意识到这是破除形式主义所必经的过程。另一方面，不能因为形式主义有深厚的土壤、难以短期根治，就悲观失望、动摇决心，觉得没有必要费这般力气。打个比方，人免不了会生病，可是不能因为会生病就不治病，因为日积月累可能真会要了命。总之，冒进或是回避都不利于问题的真正解决。

事实上，党中央已经把整治形式主义摆在坚持政治原则、严明政治纪律和政治规矩的高度来认识和对待，这样的决心和力度都是空前的。破除形式主义是一场"持久战"，需要采取中医辨证施治的系统疗法，既要针对表面症状"针灸推拿"，更需着眼固本培元"补气壮骨"。必须摒弃运动式治理的速效幻想，而要通过层层递进、循序渐进的制度创新，最终实现从治标到治本的质变飞跃。

究竟应该如何破除形式主义呢？回答这个问题，需要将整治形式主义与做好基层工作结合起来分析。我们要看到，二者在根本上是同一回事，整治形式主义是手段，高效、健全、惠民的基层治理才是目的，不能将二者割裂开来。因此，破除形式主义，找准问题是切入点，基层干部队伍建设是关键，提升基层治理效能是落脚点，不断完善制度是长效路径。

一是紧盯问题，把"痛点"作为整治的"靶点"。形式主义的成因虽然复杂，但表现出来的问题本身就是整治的切口。2024 年 4 月以来，中央层面整治形式主义为基层减负专项工作机制办公室会同中央纪委办公厅开始常态化通报负面典型案例，这也反映出中央整治基层形式主义的一个基本思路就是坚持问题导向，以小切口

湖北省宜昌市西陵区纪检监察干部深入社区了解手机APP、各类档案台账"瘦身"情况

推动形式主义这个大问题的解决。近年来，党中央印发《整治形式主义为基层减负若干规定》等相关文件，聚焦当前反映强烈的突出问题，有针对性地提出加强和改进措施，作出了一系列禁止性、限制性规定。这些规定简洁明了、具体实在，可以作为发现和整治问题的依据。比如，对于干部群众深恶痛绝的文山会海、过度留痕等问题，应继续精简文件会议，探索建立统一事项网络数据平台，在减少浪费的同时避免基层重复性工作；对于任务传达中层层加码的重负，应把压实责任和一味给基层"念紧箍咒"区别开来，根据实际情况设置任务指标；对于基层面临的督查过多问题，要重点针对多头督查、层层督查、搭车督查的情况，明确督查事项和频次。在整治过程中，必须坚持实事求是的原则，警惕用形式主义整治形式主义，避免越整越乱、越治越多，改变对自上而下施压问责方式的过度依赖，做到上下同心查找根源、研究解决问题。

二是严管厚爱，统筹好考核的"指挥棒"与激励的"加油站"。形式主义的出现，很大程度上是由干部政绩观错位、本领恐慌以及避责心理导致的。面对这些情况，要将严管和厚爱结合起来，给干事担当者更好支持、更多空间、更大舞台。对于政绩观和思想认识的问题，要开展切实有效、丰富多样的理论学习教育，涵养积极健康的党内政治文化，打造风清气正的政治生态，引导基层干部加强党性修养、厚植为民情怀，真正做人民公仆、不做庸官俗吏，"不唯上、不唯书、只唯实"。对于本领恐慌的问题，要有针对性地开展业务学习培训，引导基层干部深入认识和理解社会与时代发展的新情况新形势，在实践中持续为干部赋能、不断提升本领，切实为干部成长做好"加法"。

要化解基层干部的避责心理，必须在问责机制和激励机制之间找到精准平衡，构建职责对等、奖惩分明的制度生态，让干部既不"躺平"也不"躺枪"。一方面，要结合本地实际改进考核的方式方法，鲜明突出工作实际效果和群众满意度，让考核真正回归到对工作本质的考量上来，更多关注是否真正解决了群众急难愁盼问题、推动了基层社会的发展稳定。另一方面，要建立健全容错纠错机制。基层干部身处治理一线，面对诸多不确定性，在探索创新的过程中难免会面临试错风险，因此建立健全容错纠错机制显得尤为重要。要坚持"三个区分开来"，明确容错的边界和条件，合理宽容基层干

西藏拉萨推动领导干部下基层解民忧

近年来，西藏自治区拉萨市持续推进"作风建设年"工作，实施"一线工作法"，将每年3月确定为领导干部"下基层大接访办实事"活动月，建立"四联四包"工作机制，组织党员干部深入牧区草场、村居农舍、企业厂房、寺庙僧舍等地，聚焦群众关心关切的急难愁盼问题，着力补齐农牧区冬季饮用水、教育医疗服务、交通出行、农村物流等基础设施和公共服务方面的短板。图为该市墨竹工卡县驻村干部入户宣讲惠民政策。

部在改革创新中的失误，防止问责泛化，增强问责实效，为敢于担当、勇于创新的干部撑起一片制度的天空。

三是放权赋能，配上"金刚钻"才能干好"瓷器活"。破解形式主义，不仅需要鼓励基层干部担当作为，也需要相应的权责配置、相称的资源禀赋作为依托。"手里没把米，唤鸡也不灵"，有时候不是干部不愿担当，而是"巧妇难为无米之炊"。对此，应按照事权匹配的原则，既给基层下达"过河"的任务，又切实帮助其解决"桥"和"船"的问题，尽可能推动更多社会资源、管理权限和民生服务下沉到基层，把更多人力物力财力投放到基层。在工作方式上，"条"要主动往"块"上走，将基层治理看作整体，探索形成"部门围绕基层转"的

重庆江津持续为基层放权赋能

近年来，重庆市江津区针对特大镇、较大镇权责不相匹配、"小马拉大车"的问题，通过授权、委托等方式扩权强镇，分批下放规划建设、城市管理、农业农村、生态环保等173项权限，增强镇政府行政审批、行政执法等方面的职能，解决"责大权小""看得见管不着"等难题。图为该区白沙镇行政服务中心工作人员协助群众办理事务。

工作格局，避免"九龙治水"。相应地，也要构建明确、清晰的权责体系。哪一级管什么事、承担什么责任都要明晰，尤其要探索建立县乡两级的权责清单；按照"依法下放、能放即放、权责一致"的原则，确保各级权责清晰、规范承接、有序运转。此外，由于人们的需求随着社会发展日趋多元，基层干部唱"独角戏"的传统工作方式也要随之改变。要发动群众当主角，让老百姓真正成为基层治理的"当家人"。比如，在社区事务上多听群众意见，把家长里短交给居民自己商量着办；在民生项目上引入社会组织参与，让专业人干专业事；创新监督方式，组建百姓评议团，让监督不再是走过场，而是实实在在的"民意秤"。

四是建章立制，用制度"堤坝"挡住形式主义的"回头浪"。破解形式主义，无论是高压整治作风问题、建设基层干部队伍还是明确基层权责体系，最终都要靠严格完善的制度来保障。形式主义之所以难以根治，客观上看是因为社会在不断发展，我们的认识水平和制度体系需要立足实际不断提升、完善。事实上，当下的制度也是在长期的实践中发展形成的，而发展中出现的问题只有在发展中才能解决。随着互联网、数字技术与人工智能的不断发展，我们有条件在制度建设中对治理体系进行系统性完善，进一步凸显其在基层治理中的精准化、差异化优势。同时，还要以技术发展赋能制度完善，增强基层工作中各方、各要素之间的联动以及信息流通，让形式主义的生存空间越来越小。

形式主义害死人！求真务实是形式主义的天敌，是反对形式主义最有力的武器。只要我们大兴求真务实之风，正心诚意地为人民服务，把党和国家事业放在心中最高位置，定能一扫基层形式主义的陋习腐气，让基层干部清清爽爽地工作，让基层工作扎扎实实地推进，让人民群众拥有真真切切的幸福感。

8 百年变局中的
南方国家
——如何看待"全球南方"的群体性崛起?

近年来,"全球南方"成为国内外舆论热词,"南方议题""南方时刻""南方行动"持续牵动全世界的目光,"全球南方"入选国家语言资源监测与研究中心发布的"2024 年度中国媒体十大流行语",学术界的研究、社会上的谈论与日俱

增。毫无疑义，在当今国际政治经济格局中，"全球南方"已然成势且势不可当。那么，"全球南方"从何而来、将往何方？现在受到如此广泛关注的原因何在？其崛起对世界格局将产生什么影响？少数国家为什么处心积虑地想把中国排除在"全球南方"之外？这不仅是人们热议和讨论的话题，也关乎世界秩序和人类未来发展方向。

◇ "全球南方"在何方

关于"全球南方"，很多人耳熟能详，在学习和生活中也屡屡提及。但实事求是地讲，一些人对"全球南方"还知之不多、知之不深，学术界对这个概念还有一些不同的认识。要深入理解"全球南方"，一个基本前提就是知晓它的缘起、发展和现状，明白其内涵和特点。

我们不妨先从"全球南方"概念的演变作一番考察。早在 1926 年，意大利共产党的创始人之一安东尼奥·葛兰西就提出"南方"概念，用来描述意大利南部受北方工业资本剥削的困境，此时"南方"的含义尚局限于一国内部的区域发展差异。直到 1969 年，美国学者卡尔·奥格尔斯比在反越战文章中首次将亚非拉受西方主导的地区称为"全球南方"，指出越南战争是北方统治"全球南方"的典型表现，赋予这一概念地缘政治内涵。冷战结束后，随着经济全球化深入发展，"全球南方"逐渐从理论术语演变为政策话语。1990年，南方委员会发布《对南方的挑战》报告，呼吁南方国家以整体姿态融入全球治理。2004年，联合国开发计划署发布《打造全球南方》报告，标志着这一概念被国际社会正式接纳。

从地理方位上看，"全球南方"这一概念最初与地球的南北半球划分存在一定关联。比如，1977年联合国成立了以联邦德国前总理维利·勃兰特为首的"国际发展问题独立委员会（南北委员会）"。1980年该委员会按照全球现代化发展程度，划出了一条"勃兰特线"。"勃兰特线"显示，发达国家大多集中于北半球的北部区域，而发展中国家主要分布在北半球的南部以及南半球。这种地理分布上的差异，为"全球南方"概念的形成提供了直观的基础。国际社会基于这种地理分布特征，习惯将发达国家称作"北方国家"，把发展中国家称为"南方国家"，这一简单的划分方式在一定程度上反映了当时世界经济发展水平在地理上的不均衡态势。

然而，从更为长远和宏阔的视角看，"全球南方"并不只是简单的地理或者经济意义上的概念，还具有深刻的历史、政治和文化意义。翻开世界近代史，欧美国家通过开辟新航路、工业革命等，并在全球进行长期的暴力掠夺和殖民征服，率先实现了现代化，建立了以自身为主导的资本主义经济秩序，确立了资本主义世界体系及其在这一体系中的支配地位。而广大亚非拉国家则有着被侵略、被掠夺的相似经历，长期在全球经济分工中处于价值链低端，面临着技术依赖、贸易条件恶化、债务负担沉重等结构性发展障碍。第二次世界大战结束后，亚非拉地区兴起了反殖民主义浪潮，一大批国家实现了民族独立，积极参与国际事务，表达自身的政治诉求，争取和维护自身及共同利益。1955 年万隆会议上，29 个亚非国家和地区发出反对殖民主义、争取民族独立的强音，揭开了发展中国家团结合作、推动建立国际政治经济新秩序的篇章，标志着南方国家作为一个整体正式走上世界政治的舞台。

此后，广大南方国家不断加强团结协作，创立了不结盟运动、77 国集团等国际组织，共同发出了反帝反殖反霸、反对

万隆会议主会场

结盟对抗的"南方声音"，为争取和维护自身利益、参与制定国际议程而不懈努力。20世纪70年代，中国提出"三个世界"划分的理论，进一步推动南方国家增进身份认同、加强团结合作。20世纪90年代初，随着冷战的结束，世界加快走向多极化，南方国家发展迎来了新的历史时期。2003年12月，联合国大会通过决议，将每年12月19日定为联合国南南合作日，标志着南南合作进入新阶段。

近年来，"全球南方"经济实力持续提升，战略地位与价值日益凸显，越来越成为国际舞台上一支不可忽视的力量。在经济发展方面，南方国家成为拉动世界经济增长的主要动因和最具发展潜力的经济集合体，2024年"全球南方"的经济总

联合国南南合作日

2003年联合国大会决定，将每年12月19日定为联合国南南合作日，旨在增强人们对南南合作重要性的认识。2012年起，联合国南南合作日改为9月12日，以纪念1978年通过的《促进和实施发展中国家间技术合作的布宜诺斯艾利斯行动计划》。2024年联合国南南合作日的主题是"南南合作共创美好明天"。图为2024年联合国南南合作日高级别讨论会。

量全球占比超过 40%，对全球经济增长的贡献率从 20 世纪 80 年代的不到 40% 上升至 80%；根据国际货币基金组织（IMF）2024 年的数据，按购买力平价（PPP）计算，发展中国家的经济规模已经超过了发达经济体。同时，南方国家在人工智能、绿色科技等新一轮科技革命和产业变革中赶超势头明显，中国等在 5G、新能源等领域甚至形成引领态势。在国际政治方面，南方国家已经成为推动全球治理体系改革的重要力量。在联合国气候变化大会、G20 峰会等多边平台上，南方国家围绕气候变化、粮食安全、债务减免等议题形成合力，唱响"南方声音"。一些南方国家在各自所在地区的政治经济一体化进程中发挥主导作用，如中国发起创建上海合作组织、南非推动非洲联盟成立、巴西倡导成立南美洲国家联盟以及拉美和加勒比国家共同体等，打下了全球多极治理格局的地区基础。

回溯南方国家一路走来的历程，我们可以清楚地看到，"全球南方"这一概念集合了地理空间、世界政治、历史传统、发展水平和利益诉求等多层内涵，是广大新兴市场国家和发展中国家基于相似历史境遇、相近发展阶段、相同发展目标、相联政治诉求而形成的集体身份认同。这些国家大多在历史上曾遭受殖民统治，具有相似的历史遭遇和奋斗历程，往往有共同的价值取向与目标追求，即对独立自主的强烈追求、对适合自身现代化道路的探寻、对完善全球治理的期待和对公正合理国际秩序的争取等。正是这些共同性，奠定了广大南方国家团结合作的基础，也推动着世界历史发展形成新的不可抗拒的洪流。

◇ "全球南方"何以卓然壮大

风从南方起，潮自南方来。"全球南方"的卓然崛起，已成为我们这个时代最鲜明的标识。似乎不经意间，"全球南方"已然成为国际社会的流行热词与浩荡风潮。实际上，"全球南方"群体性崛起绝非历史的偶然。正所谓时势造英雄，"全球南方"的壮大也是时与势的产物，是南方国家长期以来积厚成势的结果，是世界百年未有之大变局的题中之义。那么，"全球南方"卓然壮大的原因究竟是什么呢？这里，可以通过"自强""变局""觉醒"这3个关键词来进行探究。

所谓"自强"，就是南方国家在主动融入经济全球化和产业变革中实现了快速发展。20世纪90年代，新一轮产业变革浪潮重塑全球分工格局，制约贸易自由化和投资便利化的诸多壁垒大大消减，催生了空前繁荣的世界市场，贸易、生产、金融快速全球化，跨境经济活动成为常态。在此背景下，南方国家普遍将经济发展置于优先地位，凭借资源、能源、劳动力等禀赋优势，积极承接发达国家的产业转移，有效破解了长期困扰发展的外汇短缺、资本匮乏与就业压力等难题。通过深度嵌入全球分工体系，南方国家宛如搭乘高速列车：一方面，工业

大连港集装箱码头的货物即将运往世界各地

化进程快速推进，工业基础日益坚实；另一方面，获得新的地缘政治空间，国际话语权和影响力不断提升。中国一跃成为世界第二大经济体，东南亚凭借丰富劳动力资源与优惠政策崛起为全球制造业重镇，中东依托石油资源在国际能源产业领域占据重要地位，"新兴经济体""新兴市场国家"等称谓在国际舞台的广泛使用，皆是明证。尤为关键的是，南方国家不仅奋力弥补前两次工业革命的"历史欠账"，更以前瞻视野拥抱新一轮科技革命和产业变革浪潮，努力将资源潜力转变为现实增长动能，力争抢占发展先机。数字经济领域的创新型企业发展壮大，新能源领域的积极引领，正是其把握"弯道超车"机遇、弥合南北鸿沟的生动写照。反观一些发达国家，出于对获取超额利益的追逐，出现了"产业空心化"和"经济虚拟化"等问题，经济实力受到相当程度的影响。两相比较，"南升北降"成为世界经济格局演变的显著趋势，这成为"全球南方"群体性崛起的经济基础和直接动因。

所谓"变局"，就是南方国家在旧有国际秩序瓦解中成为世界新秩序的主要塑造者和重要推动者。长期以来，西方资本主义国家凭借战争、掠夺、霸权与扩张等手段，主导着世界政治经济格局，构建起一套全球治理体系。然而，一个不争的事实是，现实与规则间的失衡日益突出，旧秩序的主导者已无力提供充足的全球公共产品与有效保障，难以适应当

遭受战火摧残的加沙地带

今真实的国际力量对比。审视当今世界，加沙地带烽火难熄，乌克兰危机前途未卜，叙利亚困局待解，"这世界怎么了"的疑问萦绕世人心中。全世界都在热切期待解决这些问题的新思路，引领世界格局向更具希望的方向演进，这为"全球南方"登上全球治理核心舞台、引领国际社会议程设置创造了历史性机遇。在不确定性陡增的时代，"全球南方"已成为牵动国际格局演变的关键变量。中国提出的强调"共同安全"、反对阵营对抗的全球安全倡议，获百余国家和地区、国际组织支持并被写入110多份中方与其他国家、国际组织交往合作的双多边文件；中国在上海合作组织天津峰会提出全球治理倡议，推动构建更加公正合理的全球治理体系；中国、印度、巴西等在国际货币基金组织、世界银行中增加的投票权，标志着"南方声音"开始获得制度化表达。这些努力，正深刻重塑全球治理的价值基础，推动其从"零和博弈"转向"合作共赢"，从"少数决断"走向"多边共治"。在这一过程中，"全球南方"的引领力、影响力与日俱增。

所谓"觉醒"，就是南方国家在维护自身正当发展权益中凝聚了联合自强的集体意识。南方国家的发展之路并非一帆风顺，其间遭遇了错综复杂的现代化困境："发展靠援助""增长靠周期""有增长无发展""资源诅咒""中等收入陷阱"等痼疾仍在，而气候变化、粮食安全、债务负担、健康问题、难民危机等现实挑战又接踵而至。然而，面对这些全球性难题，现有全球治理体系效能不彰，部分发达国家非但未能尽责，反而将问题转嫁给南方国家。同时，当"全球南方"进入改革发展的关键期，世界范围内的保护主义、单边主义却逆流涌动，侵蚀全球经济合作，威胁国际秩序稳定；而占世界总人口八成以上的"全球南方"，其国际地位、权益与话语权远未得到充分体现与尊重。深刻的困境催生了深刻的觉醒。相似的历史境遇、类似的现实挑战、共同的利益诉求……所有这些都呼唤着广大南方国家团结起来、凝聚起来，联合自强就成为必然选择。于是，一系列卓有成效的南南合作机制与多边平台应运而

① 上海合作组织成员国元首理事会第二十五次会议

② 东盟—中日韩区域全面经济伙伴关系协定圆桌对话会

③ 第十五届东亚峰会外长会

④ 中非合作论坛第九届部长级会议

生：跨大洲的金砖国家合作机制、上海合作组织蓬勃发展；亚洲的东南亚国家联盟、东亚峰会等不断探索扩大合作领域；非洲的东非共同体、西非国家经济共同体、南部非洲发展共同体、东部和南部非洲共同市场等区域经济一体化进程取得实质性进展，非洲联盟推动下的覆盖13亿人口的统一大市场正在形成；拉美的南方共同市场、中美洲一体化体系等蓬勃发展，由33个国家组成的拉美和加勒比国家共同体已成为推动南南合作不可或缺的力量；等等。这些努力，极大增强了"全球南方"的内部团结，广泛凝聚了"全球南方"的力量，汇聚成推动世界稳定、向善、进步的强大合力。

由此可见，"全球南方"的卓然壮大，是被压迫民族百年抗争的历史回响，是对平等发展权利的必然伸张，更是人类文明璀璨多样性的生动彰显。这股力量的勃兴，不仅深刻改变了南方国家自身的命运轨迹，更推动世界向着更加多元、包容的方向演进。这是南方国家的历史自觉，也是人类发展的崭新气象。

◇ 中国是"全球南方"的天然成员

近年来，一些西方政客在国际舆论场上频频聒噪，或宣称"中国早已不是发展中国家，并不具备'全球南方'的特征"，或污蔑中国利用"债务引诱""武力胁迫"夺取"全球南方"领导权,并拉拢一些南方国家"选边站队",企图将中国排除在"全球南方"群体之外,挑拨中国与其他南方国家的关系。其实,只要稍加分析,就会发现这些言论实属无稽之谈,既无视历史与现实,也不具备基本常识。但是,对这些谬论也不能听之任之,必须从理论上正本清源,揭露其包藏的险恶用心,从而进一步夯实"全球南方"团结合作的思想基础。

——中国是不是"全球南方"成员,历史已经雄辩地证明。中国和大多数南方国家一样,都有着被侵略被殖民的共同记忆,既是深受西方列强压迫奴役的患难兄弟,又有着携手从殖民主义历史泥淖中走出来的兄弟情谊。正是在第二次世界大战后风起云涌的民族解放运动中,中国和一大批南方国家获得了新生。在争取国家独立和民族解放的过程中,南方国家给予了彼此宝贵的支持,相似的历史记忆、共同的斗争历程把中国同南方国家紧紧联系在一起。从这个意义上讲,新中国可谓"出身南方",与其他南方国家共有追求独立自主的政治底色。

为摆脱政治上的霸权和经济上的依附,中国和其他新生的南方国家继续并肩作战,为实现国家的现代化而奋斗。新中国成立后,和其他南方国家一道提出并践行和平共处五项原则,共同倡导万隆精神;与不结盟运动、77国集团保持密切合作,为争取公正合理的国际秩序而共同努力;虽然国内建设资金和物资并不充裕，但仍向南方国家提供力所能及的援助。比如，1967 年 9 月，中国与坦桑尼亚、赞比亚在北京签订修建坦赞铁路的协定，先后有 5 万多人次的中国工程技术人员远赴非洲，以血汗筑成 1860 公里的坦赞铁路，成为连接坦赞两国的主要交通干线，打破了当时南非种族主义政权的封锁。待之以诚，同行者众。众多南方国家也极大地支持了中国的建设和外交事业，正如毛泽东同志所说，是非洲兄弟把我们抬进了联合国。改革开放后，作为最大的发展中国家，中国与其他南方国家政治上团结、经济上合作，为维护共同利益而努力。因此，很多南方国家将与中国的关系形容为"同志情谊""兄弟般的友谊"。

1971 年 10 月 25 日，第 26 届联合国大会以压倒性多数通过第 2758 号决议，恢复中华人民共和国在联合国的一切合法权利。提案通过时，代表们热烈鼓掌欢呼

——中国是不是"全球南方"成员，现实最有说服力。新时代以来，中国始终坚持心系南方、扎根南方，开创性提出并积极践行全球发展倡议，提出"全球南方"开放包容合作倡议，宣布支持"全球南方"合作八项举措，创设全球发展和南南合作基金，设立中非合作论坛、中阿合作论坛，帮助发展中国家减缓债务压力……这一系列志存高远的倡议、一系列脚踏实地的行动，跨越山海之远，打破发展瓶颈，顺应了"全球南方"求团结、谋发展、促变革的共同心声，增强了"全球南方"现代化发展的包容性、普惠性和可持续性。在这个过程中，中国与其他南方国家心意相通、利益相连，结成了同舟共济、相互扶持的命运共同体。

中国与其他南方国家的共同发展利益和愿景，已经真实互嵌于彼此国家的发展规划和战略中，成为引领各自国家经济社

支持"全球南方"合作八项举措

2024年6月28日，中国在和平共处五项原则发表70周年纪念大会上，提出支持"全球南方"合作八项举措等一系列合作倡议。这些举措涵盖人才培训、青年交流、经济发展、自由贸易、农业合作、数字经济、绿色生态等多个领域。图为与会嘉宾在会场交流。

会建设的指南。以共建"一带一路"倡议为例，目前中国已与多个南方国家的发展战略实现对接，包括蒙古"草原之路"、越南"两廊一圈"、印尼"全球海洋支点"、肯尼亚"2030年远景规划"、巴西"加速增长计划"等。通过共建"一带一路"，中国和其他南方国家实现了真正的共赢，都收获了切切实实的发展利益。在东南亚，"数字丝绸之路"部署15万个5G基站，帮助柬埔寨、老挝等国家缩小数字鸿沟，推动其数字经济占GDP比重年均增长3%；在非洲，中国建立24个农业技术示范中心，推广杂交水稻技术，使当地农作物平均增产30%—60%，惠及100多万农户；在拉美，中国—玻利维亚卫星让50万家庭免费看上电视，阿根廷赫利俄斯风电项目群为36万户居民提供清洁电力，中国企业承建的哥伦比亚首都地铁1号线让波哥大市民实现"地铁梦"……

由此可见，中国是不是"全球南方"成员从来就不是个问题。正是在走向民族独立、国家富强的奋斗历程中，中国和其他南方国家血流在了一起、心交在了一起、利融在了一起，凝结了弥足珍贵的患难真情，结成了风雨同舟的牢固友谊。至于少数西方政客以"中国不是发展中国家"为由将中国排除于"全球南方"的说辞，更是不值一驳。众所周知，尽管中国是世界第二大经济体，但2024年中国人均GDP为1.34万美元，在全球范围内仍处于中等水平，仅相当于发达经济体的1/5、美国的1/6。这就足以表明，中国仍是一个发展中国家，是

① ② ③ ④

① 中老铁路成为造福两国民众的"黄金线路"

② 中秘共建"一带一路"重点项目钱凯港开港

③ 中柬合作建设的暹粒吴哥国际机场

④ 中巴首条陆地直达光缆开通仪式

"全球南方"的一员。

　　其实，少数西方政客之所以试图将中国排除在"全球南方"之外，其用意可谓"司马昭之心，路人皆知"，无非是极尽挑拨离间之能事，企图削弱中国在"全球南方"中的影响力，干扰和破坏"全球南方"的团结合作。君不见，这么多年来，少数国家处心积虑在中国和其他发展中国家之间"打楔子"、搞小动作，但都改变不了中国属于发展中国家这个事实，冲淡不了中国同其他南方国家的深厚情谊，影响不了中国在南方国家中的感召力。因为这份情谊和感召力，来源于共同的立场、追求、任务，来源于真心诚意的尊重、帮助、互信。正如一位非洲国家领导人所说，"中国是非洲真正的贸易伙伴，非中合作建立在互相尊重、互惠互利的基础上，是不附加任何先决条件的"。这是那些奉行"餐桌理论"的少数西方政客所不能理解也做不到的。

归根结底，以中国为代表的"全球南方"的群体性崛起，尤其是以一条不同于西方现代化的路径实现崛起，让少数西方国家心生忧虑、感到危机，于是想分化之、遏制之、打压之，这从另一个方面恰恰说明了中国在坚决维护"全球南方"的利益。当然，这些"胡萝卜加大棒"的惯用套路和熟悉配方，迷惑不了广大南方国家，也注定会湮灭在时代的洪流中。正所谓，"青山遮不住，毕竟东流去"。

◇ 百年变局的希望所在

当今世界，正经历一场深刻而宏阔的百年变局：动荡与变革交织，团结与分裂碰撞，机遇与挑战并存，新旧问题与复杂矛盾叠加发酵，不稳定、不确定、难预料因素增多，人类站在迈向未来的十字路口。面对纷繁复杂的国际形势，"全球南方"已彻底告别"沉默的大多数"这一历史标签，在国际治理的舞台上行动日益坚定、合作日趋紧密、声音愈发响亮。"全球南方"正以其磅礴发展之势成为国际秩序变革的关键力量，为人类追求持久和平与共同发展的千年愿景，点燃了希望之光，开辟了无限可能。

"全球南方"的群体性崛起，为变乱交织的世界注入了稳定性。当世界步入新的动荡变革期，是加强团结合作、携手应对全球性挑战，还是固守零和思维、滑向动荡与分裂？如何抉择关乎人类前途和世界未来。面对单边主义、保护主义横行，霸权主义、强权政治回潮，世界呼唤稳定与和平。在联合国教科文组织总部大楼前的石碑上，用多种语言镌刻着这样一句

联合国教科文组织总部大楼前的石碑

话："战争起源于人之思想，故务需于人之思想中筑起保卫和平之屏障。""全球南方"国家大多承受过被侵略、殖民、掠夺的深重苦难，对和平的来之不易有着切身体会，对世界长治久安怀有最深切的渴望。与此同时，实力与影响同步提升的"全球南方"，参与全球治理的意愿空前高涨，旗帜鲜明地表达安全与和平的诉求，逐渐从治理规则的"被动接受者"转为"共同制定者""积极行动者""公平分享者"，不断探索标本兼治的全球治理新方案。从不结盟运动《坎帕拉宣言》发出"努力构建一个和平、公正和繁荣的世界"的铿锵"南方强音"，到人类命运共同体理念连续多年写入联合国大会有关决议，再到"全球南方"国家共同成立"和平之友"小组……这些行动雄辩地证明，"全球南方"矢志追求和平发展、公平正义、民主自由，秉持共商共建共享的全球治理观，倡导通过对话协商政治解决热点问题，坚持开放合作应对气候变化、人工智能等全球挑战。在南方力量合力推动下，全球治理规则正加速迈向民主化、法治化，治理体系也日益公正合理地反映大多数国家意愿与利益，赢得国际社会广泛认同。"全球南方"以坚定的和平信念与集体行动力，正成为动荡世界中当之无愧的"稳定之锚"与"和平压舱石"。

"全球南方"共同迈向现代化，为破解"发展赤字"提供了新动能。联合国开发计划署和牛津大学贫困与人类发展研究中心联合发布的《2024年全球多维贫困指数》揭示了一个

《坎帕拉宣言》

2024年1月19—20日，不结盟运动第19次峰会在乌干达首都坎帕拉召开。峰会通过《坎帕拉宣言》，强调要继续加强南南、南北合作，全面尊重国际法和国际共识原则，共同应对发展中国家在推动经济发展和社会进步方面面临的威胁和挑战。图为不结盟运动第19次峰会会场。

触目惊心的现实：在该指数覆盖的112个国家63亿人口中，仍有11亿人深陷严重的多维贫困。这深刻警示我们，"发展赤字"仍是人类面临的世纪性严峻挑战，国际社会对共同发展繁荣的期盼前所未有，对实现现代化的整体解决方案的需求愈发迫切。实现现代化是世界各国的夙愿，更是南方国家的当务之急。进入21世纪，新兴市场与发展中经济体展现出强劲韧性，其经济增长率长期显著高于发达经济体，过去20年对世界经济增长的贡献率高达80%，过去40年间GDP的全球占比从24%跃升至40%以上。这一格局性转变，不仅重塑了全球经济结构，更以强有力的"南方作为"为全球发展注入了强劲动力，成为世界经济增长的主要引擎。近年来，全球发展进程遭受严重冲击，发展议题被政治化、边缘化，国际发展合作动能减弱，世界经济面临巨大风险和不确定性。

"全球南方"顺应并引领经济全球化浪潮，在国际舞台高举发展旗帜，力促落实联合国 2030 年可持续发展议程，合力推动发展重回国际议程中心位置，重振全球发展伙伴关系，培育全球发展新动能，共同抵制单边主义、保护主义对全球合作的侵蚀，持续推进贸易和投资自由化便利化，共同建设开放型世界经济，推动经济全球化朝着更加开放、包容、普惠、均衡的方向发展。在探索和努力中，"全球南方"合作发展的阳光普照进曾"被遗忘的角落"，助力越来越多国家的人民摆脱贫困，让发展成果更多更公平地惠及各国。

"全球南方"现代化的成功探索，为世界提供了超越单一模式的路径选择。资本主宰的西方现代化，不仅在其内部酿成了政治极化、贫富鸿沟、社会撕裂、生态破坏、精神失落等恶果，更将全球拖入了一系列现代化困境。南方国家在发展中逐渐体悟到，通向现代化的道路绝非单一的线性路径。通向现代化的道路千万条，西方模式并非普世圭臬和唯一选择。每个民族、每个国家都有权利也有智慧基于自身文明基因与现实土壤探索独特的现代化之路。在南方国家波澜壮阔的探索中，中国现代化建设的成就尤为引人瞩目。历经几代人接续奋斗，中国从现代化的"迟到者"与"追赶者"逐渐成为"开拓者"与"引领者"，用几十年时间走完了西方发达国家几百年走过的工业化历程，创造了经济快速发展和社会长期稳定两大奇迹，被国际社会普遍誉为"人类发展史上真正的奇迹""人类社会发展的一项创举"。这一伟大实践，以其鲜明的中国特色和自主性，彻底打破了"现代化＝西方化"的迷思，为南方国家提供了强大的精神激励与实践参照。它向世界证明，"合脚的鞋"只能自己找，成功的路必须自己闯。许多南方国家感到，如果中国可以按照自己的方式实现现代化，那么其他国家也可以。这种基于自身国情的道路自信，正激励着越来越多的南方国家坚定前进，奋力开拓适合自身的现代化路径。

"全球南方"秉持的交流互鉴、和合共生的文明理念，为赓续人类文明薪火展现新图景。历史上，西方国家凭借殖民扩张将自身文明凌驾于他者之上，用制度话语、知识体系、价值观念构建文化霸权，由此世界文明交流长期处于失衡的状态。当下地缘政治冲突、贸易争端、生态危机等问题的深层根源，很大程度源于零和思维下的丛林法则和霸权逻辑阴魂不散。应对共同挑战、迈向美好未来，不仅需要经济科技之力的加持，也需要文化文明之光的指引。唯有通过平等、深入、互鉴的文明对话，才能增进了解、培育互信、凝聚情感，找到不同文明和谐共生的智慧。"全球南方"地域广袤，覆盖亚非拉，囊括多元的语言、宗教、民族与文化，本身就是人类文明多样性的天然宝库与交流互鉴的广阔空间。随着经济实力与政治地位的提升，南方国家文化主体意识普遍觉醒，更加珍视自身文明的独特性，努力激活内在的创新潜能。

在共同发展进程中，南方国家深刻认识到，每一种文明都扎根于独特的历史土壤，凝结着民族的非凡智慧与精神追求，拥有不可替代的价值，不同文明完全可以在平等对话、互学互鉴中兼收并蓄、交相辉映，共同织就人类文明的华美锦缎。在实践中，南方国家正日益摆脱西方社会鼓吹的"文明优越论""文明冲突论"桎梏，以开放包容的胸襟超越隔阂，以和合共生的愿景凝聚合力，成为推动全球文明交流互鉴的中坚力量。从文明古国论坛、亚洲文明对话大会、中非文明对话大会相继成功举办，到第 78 届联合国大会设立"文明对话国际日"；从教育、科技、文化、地方、民间、青年等各层面国际交流的蓬勃开展，到中国提出的全球文明倡议日益转化为

2025 年全球文明对话部长级会议在北京举行

"全球南方"携手共进

惠及全人类的公共产品，这些都生动印证了"全球南方"尊重文明多样性、维护文明自主性的坚定立场。"五味万殊，而大同于美；曲变虽众，亦大同于和。""全球南方"所倡导并践行的文明交流互鉴理念，正为绘就姹紫嫣红、生机勃勃的人类文明新形态增添最为绚丽的色彩。

大道不孤，众行致远。"全球南方"的卓然崛起，是历史大势所趋，是时代人心所向。站在人类发展的新起点上，回望古丝绸之路的驼铃帆影，感怀万隆会议求同存异的政治智慧，展望金砖合作机制扩员后的壮阔前景，历史与现实都在昭示，"全球南方"这股源自历史深处、勃兴于时代潮头的磅礴力量，必将以其集体智慧与坚定步伐，共同推动人类历史的车轮向着光明的未来前行。

后　记

参加本书起草和修改工作的有：冯仕政、陈宝权、蓝江、沈阳、雷明、邢小利、杨典、杜鹏、吉昌华、杨宏山、沈陈、钟慧容、郭伦德、冒佩华、张琦、熊文景、孙润南、郭广银、魏钦恭、苏胜利、郎旭华、杨浩宇、朱静、闫安、刘宁、高宝荣、罗军、向静林、龚顺、何钧力、陶涛、张航空、罗叶圣、孙永健、金牛、赵檀、喻立平、韩宪洲、吴强、赵义良、邢云文、高天琼、周新民、张际、张垚、曹建文、胡前安、陈柳裕、左停、邓联荣、储德银、余振、陈培永、熊卫松、任鹏、梅声洪、常培育、肖述剑、刘伟、程京武、雷江梅、严星、张舍、黎海华、陈谦、孙贺、孙君镕、陈有勇、陈新剑、陆鹏、吴俊、李倩、陈巧泉、董晴、韩翌旸、钟毓书、周茜等同志，以及习近平经济思想研究中心、习近平外交思想研究中心、人民日报海外版、农民日报社、中国人口报社、半月谈杂志社、"浙江宣传"团队、当代江西杂志社相关同志。谢祥、施善亮、孙闻达、李紫宸、赵永帅、刘佳同志自始至终参加调研、起草、修改和统稿工作。陈启清、何成、田岩同志主持本书编写工作。

本书在编写过程中，得到了中央有关部门和专家学者的大力支持。中央政法委、中央财办（中央农办）、国家发展改革委、工业和信息化部、农业农村部、国家卫生健康委等部门，田培炎、李文堂、江小涓、蔡昉、马宏伟、周爱兵、李雪松、李友梅、赵振华、张宇燕、强世功、张志强、沈壮海、王博、杨雪冬、薄洁萍、史育龙、田嵩燕、洪俊杰、胡淼森等同志提出了宝贵意见。洪大用同志审改了全部书稿。

编　者
2025 年 9 月

图书在版编目（CIP）数据

创新实干促发展：理论热点面对面·2025 / 中共中

央宣传部理论局编. -- 北京：学习出版社：人民出版

社，2025. 9. -- ISBN 978-7-5147-1388-6

Ⅰ. D61

中国国家版本馆CIP数据核字第2025U8K466号

创新实干促发展——理论热点面对面·2025

CHUANGXIN SHIGAN CUFAZHAN——LILUN REDIAN MIANDUIMIAN · 2025

中共中央宣传部理论局

责任编辑：边　极　任　民

技术编辑：纪　边

装帧设计：映　谷

封面设计：谭国剑

出版发行：学习出版社　人民出版社

　　　　　北京市崇外大街 11 号新成文化大厦 B 座 11 层

　　　　　010-66063020　010-66061634　010-66061646

网　　址：http://www.xuexiph.cn

经　　销：新华书店

印　　刷：北京利丰雅高长城印刷有限公司

封面印刷：中煤（北京）印务有限公司

开　　本：710 毫米 × 1000 毫米　1/16

印　　张：14

字　　数：133 千字

版次印次：2025 年 9 月第 1 版　2025 年 9 月第 1 次印刷

书　　号：ISBN 978-7-5147-1388-6

定　　价：27.80 元

如有印装错误请与本社联系调换，电话：010-66064915